Johann Runge:

Anita

I0420704

Ein von Neurosen und Depressionen geprägter
Lebensweg einer hoch sensiblen Frau
bis zur Altersdemenz

Wenn die Seele singt
Versuch eines Psychogramms

ISBN 978-1518806841

Alle Rechte beim Autor

Dieser Amazon-Direktdruck: **ISBN 978-1518806841**

Dieses Buch gibt es auch als **ebook** im epub-Format bei vielen bedeuten-
den Händlern (etwa weltbild, libri, thalia etc.) oder im kindle-Format
ebook: **ISBN 978-3-7380-4502-4**

Inhalt:

Aus Anitas Feder:

Den Lebensstürmen standhalten,
auch wenn du gekrümmt
und voller Narben bist.
Die Kälte des Winters aushalten.
Trotzdem darauf vertrauen,
dass ein junger grüner Trieb
aus deinem Herzen wachsen wird.

Vorbemerkung

Zum besseren Verständnis dieses Versuchs eins Psychogramms sei hier aus dem Ende der 1960er Jahre erschienenen Buch von Norbert Lebert zitiert:

Krankheit ist kein Zufall

(alternativer Titel: Psychopotenz)

Die Seele – das Wort ist ausgesprochen, und schon sind wir von bösen Zweifeln heimgesucht. Gibt es denn überhaupt eine Seele? Ist das nicht eine Sache des Glaubens, eine Frage der Religion, der Philosophie? Was hat sie mit der Medizin zu tun? Der Pathologe Rudolf Virchow, einer der größten Mediziner des vergangenen Jahrhunderts, hat ihr deutlich abgeschworen: „Ich habe tausend Leichen seziert und nie eine Seele gefunden."

Wir wissen, dass Sigmund Freud sie sozusagen entdeckt hat, dass er sie kühn in ein medizinisches Lehrgebäude eingebaut hat. Welche Rolle sie heute in der Medizin spielt – damit wollen wir uns hier beschäftigen.

Seele bedeutet entsprechend dem griechischen „Psyche" und dem lateinischen „Anima" soviel wie Hauch, Atem, Wind, etwas Flüchtiges also, nicht greifbare Materie, kein Objekt, nichts Fassbares. Wenn sich der Arzt heute um sie bemüht, so tut er es anders als der Priester. Beide verstehen unter Seele nicht dasselbe. Christliche Seelsorge und angewandte Psychologie haben nichts miteinander zu tun. Sie bewegen sich auf verschiedenen Ebenen. Wo der eine von Sünde spricht, diagnostiziert der andere vielleicht eine Neurose.

Ob sie unsterblich ist, unsere Seele, das kann der Arzt nicht entscheiden. Natürlich drängt sich die Frage auf: Wenn nicht von der unsterblichen Seele die Rede ist, von welcher sprechen wir dann? Was sollen wir uns darunter vorstellen?

Nun, es scheint, der Begriff Seele ist für die Beschreibung der Wirklichkeit eines Menschen unentbehrlich. Ohne die Idee einer Seele, die in uns wohnt, kommt niemand aus. Der Theologe muss sie zitieren, der Philosoph, der Arzt. Der Tübinger Professor für Psychiatrie und Neurologie Ernst Kretschmer definierte sie so: „Seele nennen wir das unmittelbare Erleben. Seele ist alles Empfundene, Wahrgenommene, Gefühlte, Vorgestellte, Gewollte. Seele ist die Welt als Erlebnis."

3

Die Tiefenpsychologie hat klargemacht, was die Erlebnissphäre eines Menschen bedeutet. Wir leben nicht nur bewusst, vom Verstand her, wir leben auch unbewusst. Wir machen Erfahrungen, von denen wir gar nicht wissen, dass wir sie gemacht haben. Diese Erfahrungen werden aber sehr wohl registriert, in einer Schicht unterhalb unseres Bewusstseins, die Freud das „Es" genannt hat.

Was uns speziell das Unbewusstsein alles antun kann, werden wir noch sehen. Fest steht, dass das Phänomen Seele damit noch lange nicht erklärt ist. Denn da ist noch das Gewissen, das „Über-Ich" also, eine Kontrollinstanz, deren Existenz schwer zu leugnen ist. Auch dem Ungläubigen schlägt das Gewissen, auch er kennt Schuldgefühle, auch ihn mahnt eine innere Stimme.

Die Frage, wo diese Seele in unserem Körper beheimatet sein könnte, hat der große Physiker Max Planck als ein Scheinproblem bezeichnet. Die Aufteilung in Leib und Seele sei gar nicht möglich. Der Mensch müsse als eine untrennbare Einheit gesehen werden. Planck betonte, seelische und körperliche, Vorgänge vollzögen sich so gleichzeitig, dass sie als ein und derselbe Vorgang angesehen werden müssten.

Nun, die Gleichzeitigkeit lässt sich nicht bestreiten. Das kann jeder Mensch an sich selbst beobachten. Wenn man erschrickt, wird man blass. In gewissen Situationen bekommt man eine Gänsehaut: Wenn man sich aufregt, bricht einem der Schweiß aus. In einer Schrecksekunde kann das Herz stillstehen.

...Experimente mit der Galle und der Schilddrüse deuten an, wie sehr der gesamte Organismus mitfühlt. Vom dieser Seite her ist die Erforschung des Menschen zweifellos lange vernachlässigt worden.

Die Medizin hätte die Seele des Menschen gern dem Beichtvater überlassen, ging nur sehr zögernd daran, sich nun auch noch um „diese Dinge" zu kümmern. Zunächst waren es nur Außenseiter, die dazu aufforderten, den Menschen nicht nur als einen anatomischen und physiologischen Mechanismus zu betrachten, sondern als ein Wesen, das von Liebe und Haas, von Trieben und Leidenschaften beherrscht wird, die

4

durchaus imstande sind, körperliche Krankheiten zu produzieren.
Erst in den letzten ... Jahrzehnten geriet die Medizin in Bewegung. Die psychosomatische Medizin wurde geboren.
1943 erschien das erste richtige Lehrbuch. Es setzte neue Maßstäbe und wurde von den Ärzten in der ganzen Welt beachtet.
Nicht dass die Psychosomatiker etwa von exakten wissenschaftlichen. Methoden abrückten, dass sie etwa einen Laborbefund unterschätzten oder die sorgfältige körperliche Untersuchung der Kranken nicht für wichtig hielten – keineswegs, aber dass dies das einzige Kriterium sein sollte, dass bei der Betrachtung von Krankheiten nur diese Befunde berücksichtigt wurden, leuchtete ihnen nicht ein, dagegen begannen sie nun Sturm zu laufen.
Die Krankheit, so stellten sie fest, darf nicht vom lebenden Menschen abgelöst werden, so, als stände sie in keiner tieferen Beziehung zu ihm. Die Psychosomatiker machten deutlich, dass viele Krankheitsprozesse sich diesem Schema entzogen, dass sie nur von der Persönlichkeit des Kranken her zu begreifen waren.
In der Praxis sieht das dann so aus, dass sich ein chronischer Durchfall als eine Art Gemütskrankheit entpuppt. Jede gezielte Darmtherapie versagt, muss versagen, weil die Ursache des Leidens überhaupt nicht organischer Natur ist. Soll der Darm wieder vernünftig arbeiten, so muss der Arzt die seelischen Hintergründe aufdecken, den Patienten nach seiner Ehe fragen, nach seinem Beruf, nach seinen Sorgen und Nöten.
Damit wir uns nicht falsch verstehen: Dies ist kein sehr ausgefallenes Beispiel. Wir werden später noch sehen, wie sehr unser Darm auf bestimmte psychische Zustände reagiert und welches dramatische Geschehen ausgelöst werden kann.
Die psychosomatische Medizin ist keine Spezialdisziplin, ganz bestimmt keine neue Wunderlehre. Was sie neu entwickelt, wozu sie auffordert: eine andere Krankheitsauffassung.

Anita – Herkunft, Kindheit, Jugend

Anita kam vor Ausbruch des 2. Weltkrieges in einer heute zu Polen gehörenden preußisch-pommerschen Verwaltungs- und Beamtenstadt als drittes Kind der Familie zur Welt. Ihr Vater Franz war drittes Kind eines einfachen Arbeiters, der im 1. Weltkrieg „für Kaiser und Reich" gefallen war. Seine Mutter war als Kriegerwitwe darauf angewiesen, die karge Versorgungsrente durch eigene Arbeit (Fischverkauf) aufzubessern. Franz' Lehrer rieten der Muter, den begabten Jungen das Gymnasium besuchen zu lassen. Doch diese wehrte ab: „Die älteren Brüder durften das auch nicht. Also braucht es auch Franz nicht." Der Geigenunterricht wurde abgebrochen, als der wilde Junge damit auf der Treppe stürzte und das Instrument dabei Schaden nahm. Durch diese frühen falschen Weichenstellungen wurde der weitere Lebensweg des hoch begabten Franz entscheidend auf falsche Geleise geführt, so dass er sich später beispielsweise Anerkennung bei Frauen auch außerhalb der Ehe suchte. Alkoholmissbrauch kam hinzu, der sich besonders krass auswirkte, weil Franz unter Alkoholeinfluss oft sehr aggressiv und unbeherrscht reagierte. Einer seiner älteren Brüder soll ich „tot gesoffen" haben.

Wie heißt es doch schon in dem alten Buch? – 2. Mose, Kapitel 36 – „...der die Missetat der Väter heimsucht auf Kinder und Kindeskinder bis ins dritte und vierte Glied..." Eine geborgene glückliche Kindheit – das wussten schon die Vorväter – ist die Grundvoraussetzung für eine gesunde Lebensentwicklung.

Anitas Mutter Emma stammte aus kleinbürgerlichen Verhältnissen. Sie hatte zwei ältere Brüder und eine ältere Schwester. Als sie vor der Ehe schwanger wurde, wollte der Erzeuger nicht zu seiner Vaterschaft stehen: „Deine Schwester ist doch Krankenschwester, da wird sich wohl ein Weg finden lassen!" Aber Emma lebte nach dem Grundsatz: „Lieber eins auf dem Kissen, als auf dem Gewissen!" So verheimliche sie die Schwangerschaft, solange es ging. In der Verwandtschaft gab es mehrere Frauen, die ihren Gang zur ‚Engelmacherin' mit folgender Kinderlosigkeit bezahlten. Emmas Eltern akzeptierten ihre Mutterschaft nicht: „Was sollen denn die Nachbarn denken?!" Ein uneheliches („unehrliches") Kind galt damals noch als Schande. Sie musste das Kind in einer Klinik in einer größeren Stadt entbinden, wo sich niemand aus der Familie um sie kümmerte: „Wenn andere Besuch bekamen, drehte ich mich zur Wand und weinte bitterlich." Das Kind – ein Knabe – kam in ein Säuglingsheim, weil die Großeltern weiterhin ablehnend waren. Zunächst sollte die Vaterschaft und die Unterhaltszahlungen des Erzeugers geklärt werden. Von Hospitalismus und den daraus resultierenden schweren Störungen ahnte man nichts. Erst, als die Oma sah, wie sich die verheerenden Entwicklungsrückstände auch körperlich zeigten, nahmen sie das Kind auf und taten nun alles, um den Kleinen wieder aufzupeppeln. Dort bei den Großeltern wuchs das Kind dann auf und musste die frühkindlichen psychischen Schäden später als erwachsener Mann schmerzhaft psychotherapeutisch aufarbeiten. Seine Begabungen und sein enormer Fleiß ließen ihn in Eigeninitiative mehrere Sprachen erlernen und sich beruflich qualifizieren.

Als der Erzeuger der Mutter Emma dann irgendwann doch die Ehe anbot, war es zu spät. Inzwischen hatte Emma – war es Liebe oder Torschlusspanik? – den Franz kennen gelernt und geheiratet. Der hatte zuvor auch bereits zwei Kinder vorehelich in die Welt gesetzt.

Franz und Emma hatten zusammen zunächst zwei Söhne, bevor Anita geboren wurde. Beide Jungen waren sehr begabt, vor allem der Älteste. Der Jüngere befand sich natürlich als ‚zweiter Bruder' in einer schwierigen Familienkonstellation, zumal ihm ständig sein begabter älterer Bruder als Vorbild vor Augen gehalten wurde. Der hoch begabte Ältere, dem alles zuflog, hat dennoch sein das Studium abschließende Examen verpatzt, weil er – der früher immer sehr solide lebte – sich als Student dem Suff hingab. Erst im zweiten Anlauf riss er sich zusammen und schaffte den Abschluss doch noch. Er ging dann seinen beruflichen Weg zwar erfolgreich, aber sein älterer Halbbruder meinte kritisch, er habe es bei der Begabung mit mehr Zielstrebigkeit erheblich weiter bringen können.

Als Anita geboren war, war ihr Vater überglücklich, einer Tochter zum Leben verholfen zu haben.

7

Da es „dem Führer" teils durch günstige Konstellationen, teils durch massive Aufrüstung gelang, die große Arbeitslosigkeit zu überwinden, jubelten ihm Ende der 1930er viele Deutsche zu. Auch Vater Franz war wieder in Arbeit und Brot. Obwohl Franz immer wieder zu Alkoholabusus neigte und dann gewalttätig werden konnte, sorgte er doch durch regelmäßige Arbeit als Verwaltungsangestellter für seine Familie. In einer Zeit, zu der man noch keine digitalen Rechner kannte, waren seine Kopfrechenkünste sehr gefragt. Daher gelang es ihm auch später als Soldat, sich als Rechnungsführer in der heimischen Garnison als ‚Etappenhengst' lange als unabkömmlich vom Fronteinsatz frei zu halten.

So wuchs Anita in früher Kindheit – trotzt immer wieder erlebter schmerzlicher Erfahrungen mit dem doch geliebten Vater – trotz ambivalenter Erlebnisse zunächst recht geborgen auf.

Anita konnte ihren Eltern, besonders der Mutter nie verzeihen, dass sie rauchten und Nikotin-abhängig waren. Als sie mal ein Arzt fragte, ob sie geraucht habe, war ihre Antwort: „Ich war eine pränatale Kettenraucherin." Nach einer ihrer Entbindungen fragte die Mutter den Arzt unmittelbar nach der Geburt: „Herr Doktor, jetzt kann ich mir doch eine anstecken?" Zwar hatte Emma sich das Rauchen einige Jahre vor ihrem Tode „mit eisernem Willen" abgewöhnt, starb aber dennoch an Lungenkrebs.

War eines der Kinder krank, gab es etwas Besonderes, um das das kranke Kind von den Geschwistern beneidet wurde, zum Beispiel eine heiße Zitrone oder ein Brötchen. Ob das dazu beigetragen haben könnte, dass Anita gerne ‚in Krankheit flüchtete'? Ihr Halbbruder schenkte ihr später mal, als sie schon erwachsen war, ein Buch mit dem Titel ‚Krankheit als Weg'.

Anita war ein hübsches Mädchen, hatte aber einen ‚Silberblick', eine Augenmuskelschwäche, unter der sie, je älter und eitler sie wurde, litt. Eine Hausnachbarin damals zur Mutter: „Auch, wenn sie hübsche Löckchen hat, aber sie schielt." Dieser Sehfehler wurde Jahrzehnte später im Erwachsenenalter durch eine kosmetische Augenoperation behoben, so dass dann die durch die Misere bedingten die Persönlichkeit beein-

8

flussenden Minderwertigkeitsgefühle teilweise abgebaut werden konnten.

Das Kind Anita sang und tanzte gerne. Es war von Anfang an immer ganz an die älteren Brüder gewöhnt, bei denen es sich geschützt und geborgen fühlte, von denen es viel lernte, auch die von den Brüdern oder den Eltern gesungenen Lieder und Schlager der Zeit. Auch die Gedichte und Balladen, die die Brüder meist laut auswendig lernten, verinnerlichte sie und konnte die Texte noch nach Jahrzehnten zitieren. Die Liedtexte waren sogar im hohen Alter bei fortgeschrittener Demenz und Verlust des Namensgedächtnisses bei Anstimmen der Melodie immer noch präsent.

Als Mutter von vier Kindern stand Emma nicht nur das „Mutterkreuz", sondern auch ein „Pflichtjahrmädchen" (Reichsarbeitsdienst) zu. Auch, als ‚der Führer' zunächst Polen, dann andere Länder überfallen und besiegt hatte und danach in seiner Hybris auch in die Sowjetunion einfiel, wo er ‚Lebensraum' für seine germanischen Volksgenossen erobern wollte, blieb es in Hinterpommern trotz alliierter Luftangriffe auf deutsche Großstädte und der Wende an der Ostfront noch sehr lange fast idyllisch ruhig.

So blieb die hinterpommersche Heimatstadt für Anita lebenslang ihr Paradies.

Bis ins hohe Alter ‚lebte' sie mit ihren Erinnerungen in dieser Zeit der frühen Kindheit. Ihre Erinnerungen gehen erstaunlich weit in die frühe Kindheit zurück. Ihre sehr sensible Grundstruktur lässt sie alles im Detail erfassen und bildhaft beschreiben. Hier einige Texte aus ihrer Feder, in denen sie aus dieser ihrer Kindheit berichtet:

Beim morgendlichen Aufwachen freue ich mich schon riesig über die Sonnenstrahlen, die unser Kinderzimmer in eine Leuchtstube verwandelt haben. Dann darf ich heute auch gewiss mein schönstes Sommerkleid anziehen; das ganz dünne Weiße, aus durchsichtigem Voile, mit den bunten Blümchen darauf gestickt. Und ich brauche keine Schuhe anzuziehen. Herrlich, diese Leichtigkeit! Aber Schleifen hat mir die Mutter ins Haar gebunden, und im Spiegel schaut mir fast ein pastellfarbener Schmetterling entgegen, der sogar fröhlich singen kann. Eine kindliche Unbekümmertheit nistet sich in mir ein, so als könne mir niemand diesen goldenen Sommertag verderben. Geschwind laufe ich die Treppen herunter und spiele mit anderen Kindern auf der Straße Murmeln knipsen. Spielend kullern die kleinen Kugeln aus Ton, aber die Begehrtesten sind die aus Glas mit bunten schillernden Farbmustern darin. Meine nackten Füße bohren sich in den lockeren Sand hinein. Die warme Luft liebkost meinen kleinen fast nackten Körper. Später laufe ich durstig und hungrig zur Mutter in die Wohnung. Heute gibt es etwas Besonderes zu essen: Grießbrei mit Blaubeeren.

Nach dem Mittagsschlaf wird es draußen zunehmend dunkler. Es ist sehr schwül geworden, immer mehr dunkle Wolken rücken dicht zusammen. Dann folgen Blitz und Donner, und schon fallen die ersten Regentropfen auf die staubige und durstige Straße. Ich stehe gespannt am Fenster und schaue mir das wahrhaft himmlische Naturereignis an. Jetzt prasselt der Regen in dicken Tropfen laut an die Glasscheiben. Doch nach einer Weile hört es schon wieder auf zu regnen. Auf der Straße fließt nun im Rinnstein ein liebliches Bächlein entlang. Wohlig ist es, mit den nackten Füßen in der warmen Matsche zu wühlen, wie in einer dunklen Breimasse. Im weichen nassen Sand kann ich meine kleinen Fußabdrücke hinterlassen. Die Luft ist frischer geworden und der Himmel wieder blau und klar.

Am Abend gehen die Eltern, eine Tante und meine Brüder zusammen mit mir in unseren großen schönen Garten. Wir Geschwister spielen noch Fangen miteinander, über Beete hinweg und durch Wege entlang, hinter Hecken, Büschen und Sträuchern geduckt. Die letzten weißen Johannisbeeren, die die Mutter beim Pflücken übersehen hatte, schmecken mir köstlich. Ringelblumen, Löwenmäulchen, Kapuzinerkresse und all die vielen schmackhaften Früchte geben dem Garten eine ganz besondere Stimmung, eine bunte lachende Fröhlichkeit, wie in einem Paradiesgarten, zumindest für Kinder; denn manchmal höre ich die Mutter stöhnen, wenn sie gebückt in der Sonne das massenweise Unkraut jätet. Wenn sie aber die Blätter der Gurken etwas hochnimmt und die großen langen

Früchte sieht, frohlockt sie: „Oh, oh." Wir Geschwister warten heute ungeduldig darauf, dass es dunkel wird. So lange darf ich sonst nicht aufbleiben. Aber heute ist ja ein ganz besonderer Tag, an dem wir den Sommer feiern wollen. Unsere Tante hat uns nämlich Lampions mitgebracht, die von eigenwilliger Schönheit sind. Meine Brüder bekommen Papierlaternen in Form eines Truthahns und Gockelhahns geschenkt, und ich darf einen schillernd bunten Erpel-Lampion mein eigen nennen. Endlich fängt es langsam an zu schummern, und ich setze mich schon erwartungsvoll in die gemütliche Laube auf die rustikale Holzbank, die mein Vater gezimmert hat. Diese Laube ist ringsherum dicht mit Stangenbohnen umwachsen, und auch die Blätter der rankenden Gemüsepflanze ergeben ein dichtes schützendes grünes Dach. Ich fühle mich in dieser Behausung wie in einem Naturparadies, einem Ort der Glückseligkeit.

Mit frischen Möhren, die noch Wassertropfen an ihren Spitzen haben, kommen die Brüder von der Regentonne her gelaufen und geben auch mir etwas „Futter" gegen den aufkommenden Hunger. Danach holt unsere Mutter die Kerzen aus der Tasche, die sie von zu Hause mitgebracht hat. Das Aufstecken der Lichter in den Laternen und das Richten der Haltegriffe ist offenbar Vatersache. Inzwischen ist es auch tatsächlich dunkel geworden, und es weht kein Wind. Mit einem Streichholz zündet unser Vater die Lichter in den wunderschönen Lampions an, und erst jetzt kommen die Farben so richtig zu ihrer Geltung. Und alle Seligkeit auf Erden hat in meinem kleinen Kinderherz Platz. Ich weiß nicht mehr, wie lange ich so dasaß, mit dieser herrlich bunten Papierlaterne in der kleinen Hand, die ich als Leuchtkugel hoch gegen den tiefdunkelblauen Sommernachthimmel hielt. Aber ich bin gewiss, dass dieser goldene Sommertag einer der schönsten Tage in meinem Leben war.

An meine fröhliche Mutter

Ich denke jetzt mit zunehmenden Jahren so oft
in großer Dankbarkeit an dich.
Du hast mich vom beginnenden Frühling,
wenn im Wald die ersten gelben Schlüsselblumen blühten,
bis in den späten bunten Herbst hinein
fast jeden Nachmittag in deinen großen
wunderschönen Garten mitgenommen.
Du warst eine liebevolle fröhliche Gärtnerin.
Ich habe dich niemals stöhnen gehört,
auch wenn im Sommer die Sonne heiß
vom blauen wolkenlosen Himmel schien,

11

hast du mit Freuden den großen Korb
mit roten Erdbeeren randvoll gefüllt
und bis nach Hause geschleppt.

Liebe Mutter, ich sehe dich noch heute,
wie du mit dem abgerundeten Holzstil der Harke,
in die vorbereiteten Beete
Rillen in die fein geharkte Erde gezogen
und dann mit dem Samentütchen in der Hand
Radieschen, Möhren, Kapuzinerkresse,
Ringelblumen und Goldlack
in gebückter Haltung ausgesät
und mit deiner fleißigen Hand
mit Erde zugedeckt hast.

Die schönste Laube mit den rot blühenden Stangenbohnen
war aus Glück geflochten, sie schenkte mir,
wenn ich auf der Holzbank in der Naturlaube saß,
Geborgenheit und Glückseligkeit.
Und wenn ich leicht wie ein bunter Schmetterling
auf den Wegen durch den fruchtigen Paradiesgarten hüpfte,
von den roten und weißen süßen Johannisbeeren
und zarten Schoten naschte,
war ich im Himmel auf Erden.

In sehr dankbarer Erinnerung
an meine längst verstorbene
fröhliche Mutter und begeisterte Gärtnerin.

Als Kind hab ich
die Schlüsselblumen gepflückt,
die da blühten im nahen Wald.
Der Mai war da
und Muttertag.
Ich wollte den Dank
an meine Mutter
reichlich und sichtbar
in meinen kleinen
festen Händen haben.

Wenn es draußen ungemütlich wird und die ersten Nachtfröste im Wetterbericht angekündigt werden, dann werden immer noch alte Kindheitserinnerungen in mir wach. Damals vor über 70 Jahren hatten in Hinterpommern die Wohnungen für die kalte Jahreszeit alle

Doppelfenster, die im Sommer in der Bodenkammer aufbewahrt wurden. Wenn aber die ersten kalten Herbststürme um die Häuser Blasmusik machten, und die letzten Blätter von den Bäumen fegten, dann schleppte mein Vater die schützenden Doppelfenster die vielen Treppenstufen vom Dachboden bis in unsere Wohnung. Doch bevor der Vater den ‚Kälteschutz' einsetzte, putzte meine Mutter die Glasscheiben erst blitzblank. Im Wohnzimmer stand ein großer brauner Kachelofen, der eine behagliche Wärme verbreitete. Das Heizmaterial für diesen Wärmespender wurde rechtzeitig beim Kohlenhändler bestellt. Ich kann mich noch heute an die Männer erinnern, wie sie von der schweren Last gebeugt, ihre dunklen Kapuzen über ihre Köpfe gezogen hatten, und die gefüllten Säcke mit Kohlen, Holz und Briketts in unseren Keller trugen. Es war dann unseres Vaters Amt, die anthrazitfarbenen glänzenden Briketts fein säuberlich an einer Kellerwand aufzustapeln. Auf einem Hackklotz spaltete der Familienvater die dicken Holzscheite zu feinem Anmachholz, immer etwas auf Vorrat, damit die Mutter von dieser Arbeit befreit war.

Meine fleißige und fürsorgliche Mutter hatte in einem anderen Kellerraum einen nicht zu übersehenden Vorrat an verschiedenem Gemüse und vor allem auch Obstsorten, die sie im eigenen großen Garten selber geerntet hatte. Die zahlreichen Weckgläser, die die reiche Ernte beherbergten, standen fein säuberlich aufgereiht in den Holzregalen, die der Vater eigens dafür gebaut hatte. In einer großen Kiste lagerten etliche Zentner Kartoffeln. Diese wertvolle Nahrung musste mengenmäßig bis zur Ernte der Frühkartoffeln im eigenen Garten reichen. In den Gemüseläden und Lebensmittelgeschäften wurden damals im Winter keine Kartoffeln in kleinen Mengen angeboten.

In Hinterpommern waren damals vor über siebzig Jahren die Winter sehr beständig. Der Schnee lag öfter wochenlang, und es war bitterkalt. Man brauchte im Winter die Doppelfenster. Der Vater hatte sie rechtzeitig im Herbst aus der Dachkammer, in der sie den Sommer über stationiert waren, herunter getragen und in die Rahmen eingesetzt. Von der Mutter waren die Glasscheiben blitzblank geputzt worden. Es war alles für den Einzug des Winters vorbereitet. Auch das Brennholz und die Briketts zum Beheizen der Kachelöfen waren im Keller aufgestapelt.

Eines Nachmittags, der Himmel war schon den ganzen Tag über so grau, schneevolle Wolken hingen tief und schwer, fing es ganz

13

langsam an zu schneien. Weiße Flocken tanzten lustig auf die Erde hernieder. Das kleine Mädchen hatte aus Steinbauklötzen Häuser gebaut, in denen die „Mensch-ärgere-Dich-nicht"-Puppen zu lebendigen Menschen wurden. Es war ganz in dieses Spiel versunken, da rief einer der beiden älteren Brüder: „Es schneit, guck mal, es schneit!" Schnell lief das Mädchen ans Fenster und drückte das Näschen neugierig an die Scheibe, und das Herz hüpfte vor Freude, machte Luftsprünge beim Anblick des fallenden Schnees. Verzaubert sahen Bäume, Zäune, die ganze Erde aus. Temperamentvoll bat es gleich den Vater, ihr doch den Rodelschlitten vom Boden zu holen. Aber der machte ihm verständlich, dass erst noch viel mehr Schnee fallen müsse, damit der Schlitten auch gleiten könne.

Aufgeregt, erwartungsvoll und ungeduldig blieb das Kind dann auch eine ganze Zeit am Fenster stehen, bis der Vater die Schneedecke für hoch genug zum Rodeln befand. Es ließ ihm auch nicht eher Ruhe, bis er den Schlitten die Treppen herunter getragen hatte. Inzwischen hatte es sich Trainingshosen, Mantel, Mütze und Handschuhe angezogen. Die älteren Brüder wollten natürlich auch im ersten Schnee dieses Winters rodeln. Zum Lenken brauchte sie ohnehin noch einen verlässlichen Steuermann. Sie stapften gemeinsam durch den pulvrigen Schnee und zogen vereint den Schlitten hinter sich her. Am größten Berg angekommen, fuhren sie die steilsten Abhänge, glattesten Bahnen herunter.

Kalter Wind sauste um ihre Köpfe. Mit geröteten Wangen zogen sie den Schlitten nach jeder Abwärtsfahrt wieder den Berg hinauf. Die Herzen jubelten, die Kinder lachten, der Schnee wurde aufgewirbelt. Ehe sie es bemerkten, legte die Dunkelheit ihren schwarzen Mantel sanft über die weiße Pracht.

Nasse Wollhandschuhe, kalte Füße, leere Mägen, so zogen sie etwas müde, aber herrlich ausgetobt, zufrieden ihren Schlitten an vereister Schnur nach Hause. Bei Muttern war es wohlig warm, und sie hängten die nassen Kleidungsstücke neben den großen Kachelofen zum Trocknen auf. Aus der Ofenröhre kamen Düfte zischen der Bratäpfel. Sie labten sich an dieser heißen süßen Köstlichkeit und gingen dann selig trunken in ihre Betten. Nachts träumte das kleine Mädchen, dass der Schnee noch lange liegen bleiben möge.

Das kleine Mädchen wartet auf das schönste Erlebnis, an das es sich erinnern kann. Und so fragt es voller Ungeduld immer wieder: „Mama, wie lange dauert es noch bis Weihnachten ist?" – „Jetzt musst du nur noch dreimal schlafen, dann ist Weihnachten", sagt die verständnisvolle Mutter. Die freudige Spannung wächst von Tag zu

Tag in dem fröhlichen Kind. Es spielt hingebungsvoll mit seinen Puppen. In dieses Spiel versunken spricht die Puppenmutter mit ihren Kindern: „Dreimal müsst ihr noch schlafen, dann ist endlich Weihnachten", sagt sie und legt das Julchen und den Peter ins Puppenbettchen und deckt sie beide fürsorglich zu. Die große Vorfreude steigert sich in dem Kind in einen spannungsvollen Zustand. Es weiß aus der Erinnerung, dass das Weihnachtsfest etwas Wunderbares ist. Am Heiligenabend steht der duftende grüne Nadelbaum im Wohnzimmer auf einem Tisch. Geschmückt mit gelben Lichtern, blauen und roten Kugeln, silbernen Glöckchen und einem niedlichen Schneemann bestaunt das Kind andächtig den Baum, als käme er aus einem verzauberten Märchenwald. Immer wieder entlockt die Erwartungsvolle dem silbernen Glöckchen einen hellen lieblichen Klang. Auf dem Tisch liegt eine Decke, die die Mutter nur zu Weihnachten auflegt. Sie hat auf den weißen Stoff grüne Tannenzweiglein und gelbe Lichter gestickt. Die Eltern, die Brüder und auch das Nesthäkchen sind festlich gekleidet. Zuerst singt die Familie viele frohe Weihnachtslieder. Zwischendurch schweifen die Augen des aufgeregten Mädchens immer wieder zu dem Gabentisch, auf dem einige Schachteln, Kartons und Beutel liegen. Der Vater versteht die Ungeduld der Kinder besonders gut. Auf allen hübsch verpackten Geschenken steht der Name des Empfängers. Weil das kleine Mädchen noch nicht lesen kann, hat die Mutter auf seine Schachteln ein großes rotes Herz gemalt. Rasch entfernt das Kind mit seinen kleinen Händen die Verpackung. Die Augen werden sehr groß und das Herz vor Freude weit. Ein blechernes Puppen – Kaffeeservice das mit Märchenbildern aus „Schneewittchen und den sieben Zwergen" bunt bemalt ist, lässt das Herz des Kindes vor Freude glückselig hüpfen. Dann spielt es ganz versunken und deckt den Tisch für seine Puppenkinder mit einer nicht zu übersehenden Hingabe. Einen runden braunen Pfefferkuchen bricht die Puppenmutter in kleine Stöckchen, verteilt sie auf die ‚Märchenteller' und füttert ihr Julchen und ihren Peter mit dem köstlichen Backwerk und den Worten: „So, jetzt sind wir ganz reich und haben selber Teller, Tassen und eine Kaffeekanne." – So einfach ist es, ein kleines Mädchen glücklich zu machen!

Dann kommt das Mädchen in ein Alter, in dem es selber für Mutter und Vater eigene kleine Geschenke bastelt. Die Mutter bekommt ein selbst genähtes Nadelkissen. Und Vater freut sich über ein bunt gestaltetes Lesezeichen. Dies geschieht alles aus einem inneren Bedürfnis heraus. Jahre gehen ins Land. Als Auszubildende bekommt die junge Frau am Heiligenabend von ihrem Chef, dem

Zahnarzt, dem sie das ganze Jahr über fleißig assistiert und unzählige Überstunden leistet, einen nicht sehr großen Geldschein geschenkt. Zusammen schlendert sie mit ihrer gleichaltrigen Kollegin nach Praxisschluss in froher Stimmung durch die Einkaufsstraße. Einen dringend benötigten Regenschirm ersteht sie für ihre weiten Fußmärsche zur Arbeitsstelle bei Wind und Regen. Für die Mutter kauft sie ein Paar dünne Damenstrümpfe, die immer gebraucht werden. Die Krönung ersteht sie im Blumenladen. Einen Mimosenstrauß, so zart und so gelb, wickelt die Floristin in weißes Papier. Mit diesen kleinen leuchtenden Sonnen im kalten Winter erwärmt sie das Herz der fürsorglichen Mutter. „Mama, ich möchte dir mit deinen Lieblingsblumen danke sagen, für das oftmals späte Abendbrot, das du mir so liebevoll zubereitest."

Zaunlos der Garten
meiner Kindheit.
Die vorderen Beete
lieblich umschlungen
von rotgelber Kapuzinerkresse.
Das kleine fröhliche Mädchen
ist achtsam hinübergesprungen.
Kapuzinerkresse wird für mich immer
Kindheit, Sommer und Glück
in sich vereinen.

An meine Großmutter väterlicherseits habe ich immer noch sehr intensive und wertvolle Erinnerungen. Sie war eher eine schlichte, aber herzliche Frau. Rein äußerlich erschien sie streng mit ihrer glatten Frisur mit einem Mittelscheitel und einem gesteckten Nackenknoten. Doch sie war nicht so streng wie meine Mutter zu mir. Ihre Kleider waren von bedeckter Farbe, meistens dunkelblau oder braun mit winzigen weißen Tupfen. Darüber trug sie fast immer ein gehäkeltes wollenes Schultertuch, vorne am Hals mit einer runden Brosche zusammengehalten. Vor allem aber strahlte sie eine wohltuende Ruhe aus. Wenn meine Mutter ihren großen Waschtag hatte, kochte die Oma für uns alle das Mittagessen und hatte für uns Kinder immer ein liebes Wort. Meine beiden älteren Brüder und ich besuchten sie aber auch sehr gerne, obwohl der Weg zu ihr weit war. Dann verwöhnte sie uns mit heißen Würstchen und Schokoladenpudding. Mit viel Geduld brachte sie mir auch das Stricken der rechten Maschen bei: „Einpicken, umschlagen und den Faden durchholen." Diese Worte klingen mir noch sanft in meinen Ohren. Nach Kriegsende 1945 waren wir dann leider räumlich weit getrennt. Meiner Großmutter fiel es schwer, ihre Heimat zu verlassen. So blieb sie noch unter polnischer Verwaltung im Osten. Dann wurde sie ausgewiesen. Danach war sie dann 1947 für ein paar Wochen bei uns zu Besuch. Es war Sommer, und wir pflückten gemeinsam echte Kamille, die sie gebündelt zum Trocknen auf den Boden hing. Sie wollte Tee davon bereiten. In diesen Wochen schliefen wir gemeinsam im Kinderzimmer. Ich hörte sie oft abends im Dunkeln, wenn ich noch nicht schlafen konnte, inbrünstig das Vaterunser beten. Wie schade, dass ich sie danach nicht mehr erleben konnte. Sie starb in der Ferne in einem Altersheim auf Nordstrand, wo ich ihr Grab nach langen Jahren wiederfand.

Wie wichtig sie für mich als Kind war, hat sie vielleicht gar nicht gewusst. Großmütter können so wertvoll für ihre Enkelkinder sein! Oftmals können sie so liebevoll ausgleichen. Heute noch möchte ich meine Großmutter so vieles fragen.

Schon am Vorabend des großen Waschtages begann früher für Berta die Arbeit mit der großen Wäsche. Unsere Geschichte spielt nämlich in den 1930er Jahren in einem großen Mietshaus aus der Gründerzeit, welches natürlich ohne Fahrstuhl gebaut war. Ähnlich könnte es sich aber auch noch um 1960 abgespielt haben.

Also, nach einem gewöhnlichen Arbeitstag in Familie und Haushalt sucht Berta alle schmutzige Wäsche zusammen, die sie in einer alten Wäschetruhe gesammelt hat. Sie stopft mit ihren Fäusten und viel Kraft auch noch die letzten getragenen Hemden und Unterhosen, auch die benutzten Handtücher aus Küche und Toilette in den riesigen, voll gestopften Weidenkorb. Den schweren Korb trägt sie vom vierten Stock die vielen ausgetretenen ächzenden Holztreppenstufen bis den dritten Stock hinunter. Da macht sie eine Verschnaufpause und stellt den schweren Waschkorb ab; denn nach dem letzten Waschtag hatte sie einen ziemlichen Muskelkater. Vom dritten Stockwerk bis in den zweiten trägt sie den Korb dann weiter treppab. Da hört sie plötzlich ein Baby schreien. Sie bleibt stehen, lauscht noch einmal, aber das kann ja nur ihre kleine Gertrud sein. Sonst hat niemand in diesem Hause ein so kleines Kind. Berta lässt ihren Waschkorb stehen und läuft eilig, zwei Stufen auf einmal nehmend, bis zum vierten Stock hinauf. Aus der Kitteltasche holt sie den Wohnungsschlüssel, schließt auf, läuft voller Besorgnis in das Wohnzimmer an das Stubenwägelchen. Ihre Hände wischt sie an ihrem Kittel ab, bevor sie ihr Töchterchen auf den Arm nimmt und sich ein Spucktuch über ihre rechte Schulter legt. Sie klopft der Kleinen zart auf den Rücken. Da kommt auch schon das „Bäuerchen". Außerdem „duftet" es aber auch noch nach vollen Höschen und Windeln. Sie wickelt die Kleine aus und macht sie sauber. Sie hat sogar noch warmes Wasser auf dem Herd im Kessel. Sie trocknet die Kleine mit einem Handtuch gut ab. Danach cremt und pudert sie den kleinen Po und wickelt ihn neu in frische Tücher. Jetzt legt sie ihre niedliche Gertrud – offenbar zufrieden – wieder in das Stubenwägelchen. Die schmutzigen Windeln spült sie grob in der Toilette aus (sie haben in ihrem Mietshaus sogar schon Spülkloset auf halber Höhe der Treppe). Mit den schmutzigen Tüchern in der Hand geht es dann wieder treppab bis in den zweiten Stock. Den Waschkorb schwingt sie nun eilig unter ihren rechten Arm und läuft bis in den Keller hinunter. Vor der Waschküche stellt sie den Korb ab und schließt die Tür auf. Ihr großes Henko-Paket zum Einweichen hat sie schlauerweise im Kohlenkeller stationiert. Berta schließt den Kohlenkeller auf, sammelt Holzscheite und Tannenzapfen in die alte, aus Weidenzweigen geflochtene Kiepe und legt obendrauf das große Henko-Paket. Das trägt sie alles in die Waschküche, dreht den Wasserhahn auf, lässt Wasser in die große Zinkwannen laufen, reißt das Henko-Paket auf, lässt mit der linken Hand das Einweichpulver in das Wasser rieseln, während sie mit der rechten Hand mit einer großen Holzkelle rührt, damit es keine Klumpen gibt. Jedes Wäschestück nimmt sie auseinander und steckt es dann in die Einweichlauge. Den Waschkessel bestückt sie schon mit Holz, damit es morgen früh gleich losgehen kann. Erleichtert springt sie dann ohne Last alle Treppen bis zum vierten Stock wieder hoch. Berta schließt die Wohnungstüre auf, schaut gleich nach ihrer kleinen Tochter, die ganz zufrieden schläft. „Wie schön", denkt sie, „da kann ich ja noch in Ruhe ein paar Wickeltücher umstechen" und legt dazu ihre müden Beine hoch. Doch schon bald fallen ihr vor Müdigkeit die Augen fast zu. Leise geht sie ins Schlafzimmer, zieht sich aus und geht dann wieder auf Zehenspitzen in die Küche, um sich mit kaltem Wasser und Kernseife gründlich zu waschen. Danach rubbelt sie sich sorgfältig mit ihrem Gerstenkornhandtuch trocken. Leise schleicht sie in ihr Bett und stellt den laut tickenden Wecker mit den zwei Glocken oben drauf auf fünf Uhr! Da fällt ihr ein, dass sie ja noch ihre alten Kleidungstücke, die sie immer am großen Waschtag anzieht, auf den Stuhl legen wollte. Sie zieht noch mal an der Lampenschalterschnur am Kopfende ihres Bettes und springt schnell aus dem Bett. Ja, da hat sie schon die verwaschene Bluse, den alten Baumwollrock, das Tuch für den Kopf und die Gummischürze gefunden. Berta schlüpft erneut in ihr Federbett und schläft gleich ein.

18

Brrr, klingelt ihr Wecker auf dem kleinen Nachttischchen. Berta reckt sich – sie streckt die Arme und Beine erst einmal richtig von sich, bevor sie aufsteht. Sie geht ans Fenster, reibt sich den Schlaf aus ihren Augen, öffnet das Fenster und schaut in den frühen Morgen. Sie ist optimistisch und hofft auf trockenes Wetter mit möglichst auch etwas Sonnenschein und Wind, damit ihre Wäsche nachher im Hof schnell trocknet und die weißen Stücke auch etwas gebleicht werden können. Nun zieht sie ihre selbstgestrickten Socken an und geht leise auf Zehenspitzen in die Küche, damit sie ihre kleine Gertrud nicht weckt. Ihre Mutter kommt heute nämlich, um die Kleine zu versorgen, denn sie wird voll mit der Wäsche beschäftigt sein. Berta wäscht sich schnell und rubbelt sich mit ihrem Handtuch ab. Flink zieht sie Hemd, Schlüpfer, Bluse und Rock an und bindet sich das Tuch um den Kopf, damit ihr ihre zum Knoten gebundenen Haare beim Arbeiten nicht in das Gesicht fallen können. Mit der Gummischürze über dem Arm und den Überziehschuhen aus Gummi in der Hand geht sie noch schnell an der Speisekammer vorbei, um sich einen Apfel zu holen. Leise schließt sie hinter sich die Korridortüre. Dann erst zieht sie die Gummischuhe an und bindet die Gummischürze um, beißt in den Apfel und läuft flink vom vierten Stock bis in den Keller. Sie schließt die Waschküchentür auf und geht unverzüglich ans Werk. Zuerst wringt sie alle Wäschestücke einzeln aus der Einweichlauge heraus. Dann lässt sie Wasser in den Waschkessel einlaufen und schüttet ein großes Paket Persil hinein. Mit einem Streichholz zündet sie das vorbereitete Holz unter dem Kessel an. Jedes Teil nimmt sie auseinander und steckt es in die Waschlauge. Die trockenen Tannenzapfen und die Holzscheite haben richtig Feuer gefangen und knistern und knallen unter dem sich nur langsam erwärmenden Kessel. Berta legt noch ein paar besonders dicke Holzstücke ins Feuer, damit sie dann erst mal Pause machen kann. Sie freut sich auf das Frühstück mit ihrer Mutter. Freudig steigt sie die Treppen wieder hinauf. Beim Aufschließen der Wohnungstür kommt ihr schon der Duft des Bohnenkaffees entgegen, den es heute am Waschtag statt des üblichen Muckefucks ausnahmsweise gibt. Die Großmutter hat frische Brötchen mitgebracht und hält nun schon die Enkeltochter auf dem Arm und singt ihr ein Lied vor: „Wer will fleißige Waschfrauen sehn ..." Berta schließt bei diesem entzückenden Anblick gleich beide in die Arme. Sie frühstücken gemütlich und plaudern dabei. Aber leider muss Berta wieder hinunter fünf Treppen abwärts in den Keller laufen. Doch sie nimmt gleich die Wäscheleine und die Klammern in einem Beutel mit, die sie in dem Kämmerchen an der Wand zu hängen hat. Beim Aufschließen der Waschküchentür kommt ihr der Dampf der kochenden Wäsche entgegen. Mit

19

der großen Holzkelle fischt sie die heiße Wäsche aus der kochenden Lauge und wirft sie schnell zum Nachwaschen in eine Zinkwanne mit etwas kaltem Wasser. Sorgfältig prüft sie jedes Teil, ob noch Flecken drin sind. Wenn nötig, rubbelt sie zwischen ihren beiden Händen die noch nicht ganz sauberen Stellen heraus.

Gleich danach spült sie in viel kaltem Wasser, wringt zwischendurch wieder jedes Teil aus, spült erneut und wringt wieder gut aus, bis das Spülwasser klar bleibt. Sie legt alle Wäschestücke in einen aus Weidenzweigen geflochtenen Korb, trägt ihn die kleine Kellertreppe zur Hofseite hinauf, stellt den Korb ab, spannt sogleich die Leine straff von Pfahl zu Pfahl. Berta bückt sich zum vollen Waschkorb hinunter, sie greift zuerst nach den dickeren Handtüchern, schlägt sie tüchtig aus und klammert sie gut an der Leine fest. Danach sind die großen Betttücher und die Taschentücher an der Reihe. Dann folgt die Unterwäsche. Zuletzt hängt sie die vielen Windeln und Wickeltücher, die Babyhemdchen und Jäckchen und Spucktücher auf. Es ist heiß und ein wenig schwül geworden. Gewiss kann sie schon bald die ersten trockenen Tücher abnehmen. Den leeren Korb lässt sie auf dem Hof stehen. Berta ist hungrig. Sie steigt nicht mehr ganz so schwungvoll die vielen Treppenstufen zum vierten Stock hinauf. Sie schließt die Wohnungstür auf, schnuppert gleich den herrlichen, ihr bekannten Duft des Apfelkuchens, den ihre Mutter so vorzüglich zu backen versteht. Schnell holt sie noch ein frisches Tischtuch aus dem Schrank und legt es über den rohen Holztisch. Köstlich schmeckt der frische Kuchen, und sie unterhalten sich angeregt. Dabei merken die beiden Frauen gar nicht, dass es draußen sehr schnell immer dunkler wird. Der erste Donner rollt, da erst werden die beiden jäh aus ihrer Gemütlichkeit herausgerissen. Beide laufen, so schnell sie können, die Treppen hinunter bis in den Hof, reißen die schon trockenen Wäschestücke zuerst von der Leine und werfen sie in den Korb. Das in einem Tempo, dass sie beide außer Atem kommen. Als der plötzliche Wind den Staub des Hofes aufwirbelt und die ersten dicken Regentropfen herunterklatschen, laufen sie beide mit dem vollen Waschkorb in das Haus. Die wieder nass gewordene restliche Wäsche holt Berta dann in einer Wanne herein.

Heute wird das Wetter wohl nicht mehr besser. So muss sie die nasse Wäsche bis auf den Trockenboden schleppen, um sie dort zum Nachtrocknen aufzuhängen. Dann geht's wieder eine Treppe abwärts bis in die Wohnung. Ihre Mutter legt schon die Handtücher schön glatt. Zusammen recken sie dann die großen Bett- und Tischtücher und legen sie in den Korb. Erforderlichenfalls sprengen sie noch etwas Wasser auf die zu trocken gewordenen Teile; denn für morgen hat Berta sich schon zur Rolle eingetragen, in der die großen Teile geglättet werden. Die beiden Frauen verbringen noch einen sehr gemütlichen und erholsamen Abend bei Radiomusik. Berta umstickt mit rosa Garn die Wickeltücher für ihr Töchterlein, während die Großmutter emsig an einem Überhandtuch in blauer Kreuzchenstickerei arbeitet. Am nächsten Tag tragen sie gemeinsam den vollen Korb zur Rolle. Sie rollen jedes Teil einzeln durch. Gegen Mittag tragen sie den Korb mit der glatten Wäsche nach Hause. Gleich räumen sie die frisch gerollte Wäsche in die Schränke, jedes Teil an seinen Platz. Die Bügelwäsche hebt Berta sich für den nächsten Tag auf. Am Nachmittag bringt sie dann noch ihre Mutter zum Bahnhof. Auf dem Wege dorthin sagt ihre Mutter: „Berta, du bist doch eine sehr tüchtige Frau, wie glänzend du mal wieder alles geschafft hast." – „Ja, Mutter, ich muss doch meinem Namen Ehre machen; denn Du weißt ja, dass Berta aus dem Althochdeutschen stammt und ‚glänzend' bedeutet. Sie bedankt sich ganz herzlich bei ihrer Mutter und winkt noch lange mit ihrem ausgebreiteten Taschentuch hinterher, als der Zug sich, in Dampfwolken und Qualm gehüllt, in Fahrt setzt.

Ich erinnere mich noch so genau daran, als wenn ich diese Ereignisse erst vor ein paar Tagen erlebt hätte: 1944 war es im Dezember bitterkalt, und es lag auch Schnee in meiner Heimatstadt Köslin in Hinterpommern. Von dem schrecklichen Zweiten Weltkrieg war ich als kleines sechseinhalb Jahre altes fröhliches Mädchen, das noch nicht wusste, was ein Krieg in seinem vernichtenden Ausmaß bedeutet, bisher vor allem dadurch beeinträchtigt, dass mein Vater nicht mehr bei uns war. Mit der Hilfe meines großen Bruders schrieb ich ihm kleine „Liebeszettel", die meine schreibfreudige Mutter mit in ihre vielen Briefe legte. Ich hüpfte fröhlich durch die Wohnung, obwohl es immer öfter auch Fliegeralarm gab. Im Herbst 1944 war ich eingeschult worden.
Immer wieder wurde unser Schulunterricht durch den Fliegeralarm gestört und musste für diesen Tag beendet werden. Weil mein Zuhause nicht weit von der Schule entfernt war, lief ich angsterfüllt schnellstens zum Luftschutzkeller, der unter unserem Mietshaus lag. Auch unser Nachtschlaf wurde manchmal durch solchen bedrohlichen Fliegeralarm zerschnitten. Das unverkennbare Geheul der Sirenen werde ich niemals vergessen. Im Luftschutzkeller war es schrecklich kalt. Da saß die gesamte Hausgemeinschaft auf harten Holzstühlen in ihre Wintermäntel gehüllt dicht beieinander, bis endlich die Sirene die ersehnte „Melodie" der Entwarnung spielte. Erst

21

dann durften wir den eiskalten Keller verlassen. Trunken vor Müdigkeit taumelten wir in unsere inzwischen ausgekühlten Federbetten. Meine emsige Mutter backte wie jedes Jahr braune Pfefferkuchen für das schönste Fest im Jahr. Und ich durfte mit dem Pinsel Zuckerguss auf die runden Kuchen streichen. Dieser verführerische Duft von süßem Backwerk erfüllte unsere schöne Wohnung. Oftmals saß die Mutter auch an der Nähmaschine, und sie verriet mir nicht, was sie aus den dunkelblauen Stoffresten einer aufgetragenen Trainingshose nähte. So entstanden die Überraschungen für uns Kinder. Sie wollte uns trotz des tobenden Krieges ein möglichst schönes Weihnachtsfest bereiten.

Am Heiligabend stand wie jedes Jahr ein frischer Tannenbaum im Wohnzimmer auf einem kleinen Tisch. Dieser grüne Baum verströmte einen wunderbaren Duft in unserem schönsten und größten Zimmer. Wie eine silberne Krone thronte die glitzernde Spitze auf der höchsten Erhebung des Christbaumes. Bunte Kugeln und Lametta schmückten den Baum aus dem nahen Wald. Ich weiß aber auch, dass ein kleiner silberner Schneemann und ein Glöckchen die schöne Tanne zierten. Das niedliche Glöckchen, das vorne in der Nähe der Türe hing, hatte mich immer wieder dazu verführt, ihm einen lieblichen Klang zu entlocken.

In unserer Familie wurden an solchen hohen Feiertagen offenbar einige Rituale eingehalten. Der Gabentisch wurde stets mit einer großen weißen Tischdecke verhüllt. So waren die Geschenke bis zur Bescherung für unsere Augen unsichtbar. Weil meine Mutter eine Ausbildung in Gesang genossen hatte, war es für uns alle normal, dass wir sehr viele Weihnachtslieder im Laufe der Jahre auswendig singen konnten. Und die wurden auch schön laut gesungen. Wir sangen: „Alle Jahre wieder", „Der Christbaum ist der schönste Baum", „Am Weihnachtsbaum die Lichter brennen" , „Oh, du fröhliche, o, du selige", aber auch das Lied von Hans Baumann „Hohe Nacht der klaren Sterne", welches von der nationalsozialistischen Weltanschauung eingefärbt war. Die Nazis wollten das „jüdische" Jesuskind totschweigen. Die Mütter jedoch brauchten sie noch, und die wurden sehr in diesem Lied geehrt: „Mütter, euch sind alle Feuer, alle Sterne aufgestellt, Mütter tief in euren Herzen schlägt das Herz der weiten Welt." So lautet eine Strophe des Liedes. Frauen, die vier Kinder hatten, wurden mit dem Mutterkreuz ausgezeichnet. Natürlich sollten diese möglichst Söhne gebären, die kaum zum Manne reifen durften, um schon als nicht ausgebildete Soldaten an den Fronten verheizt zu werden. Aber davon verstand das kleine Mädchen noch nichts. Wenn ich mir heute jedoch als Mutter von drei erwachsenen Kindern und zwei Enkelkindern Dokumentarfilme aus

Kriegszeiten anschaue, bricht es mir fast das Herz, wenn ich die Knaben sehe, denen man damals noch zum Schluss des schrecklichen Zweiten Weltkriegs einen Stahlhelm über dem weichen Kindergesicht auf den Kopf setzte, die man in Uniformen steckte und ihnen eine Waffe in die zarten Hände drückte.

Wie wunderbar ist es, dass Kinder in ganz jungen Jahren wie unter einer barmherzigen liebevollen Glocke geschützt sind und in Unbeschwertheit und Fröhlichkeit leben und spielen dürfen. Ich denke, nur so können Menschen das spätere Leben bewältigen.

Aber je mehr Lieder wir fröhlich sangen, umso mehr baute sich eine spürbare Spannung in mir auf, die immer stärker und fast unerträglich wurde: Was werde ich wohl vom Christkind bekommen? Endlich hatte unsere Mutter ein Erbarmen mit uns Kindern. Ich war damals das Nesthäkchen unter vier Geschwistern. Unsere Mutter nahm das weiße Tuch vorsichtig von dem Gabentisch und faltete es fein zusammen. Jedem zeigte sie den Platz, an dem seine Geschenke lagen. Mein schönstes Geschenk passte Weihnachten 1944 nicht auf den Gabentisch. In einer anderen Ecke des Weihnachtszimmers lüftete meine Mutter eine Wolldecke, und ein heller wunderschöner Puppenwagen, in dem eine noch schönere Puppe mit dunklen echten Zöpfen lag, kam zum Vorschein. Ich war sehr glücklich darüber. Trotzdem erkannte ich die zarte Wagendecke und den niedlichen dunkelblauen Anzug mit schicker Baskenmütze. Diese begehrenswerten Sachen hatte meine Mutter nämlich vor einigen Wochen selber auf der Nähmaschine angefertigt. Das hatte ich ja beobachtet. Das Puppenmädchen taufte ich noch am Heiligabend auf den Namen Ingrid. Die langen dunklen Zöpfe meines neuen Puppenkindes waren eine gute Beschäftigung für mich. Ich löste die Zöpfe und lernte so das Flechten. Weil wir eine kinderreiche Familie waren, hatten wir auch ein so genanntes Pflichtjahrmädchen zum Arbeiten im Haushalt und für die Kinderbetreuung. Und diesem jungen sehr netten Mädchen gehörte bis kurz vor Weihnachten der Puppenwagen mit der wertvollen Puppe. Meine Mutter hatte per Tausch diese Glückseligkeit für mich erstanden. Abends sang ich meinem neuen Puppenmädchen ein Wiegenlied vor.

Am zweiten Weihnachtstag kam unsere Oma Berta zu uns. Meine Mutter fuhr hochschwanger nach Neustettin, der deutsche Name der seit 1945 polnischen Stadt Szczecinek, um unseren Vater zu besuchen. Neustettin lag von unserer Heimatstadt nur 68 km südöstlich entfernt. Die Rote Armee hatte die Deutschen, die ihr an Menschen und Material zehnfach unterlegen waren, zu dem Zeitpunkt noch nicht weiter gen Westen treiben können. Unsere tapfere Mutter hatte wohl Bedenken, unseren Vater vielleicht nicht mehr wiedersehen zu können. Doch wir Kinder spielten hingebungsvoll mit unseren neuen Geschenken. Mitten im tobenden Krieg waren unsere jungen Kinderseelen zum Glück vor dem Ausmaß der kommenden unausweichlichen Katastrophe durch das Noch-nicht-verstehen-können liebevoll geschützt.

Im Herbst 1944 wurde Anita als Sechsjährige noch in der hinterpommerschen Heimat eingeschult. Vor 1945 war in den größeren Orten die Trennung in Jungen- oder Mädchenschulen noch üblich. Drei Schülerinnen mussten sich ein Lesebuch teilen. Immer öfter gab es jetzt auch in Hinterpommern Fliegeralarm. Da die Schule nicht weit von der Wohnung entfernt war, durfte Anita dann schnell nach Hause laufen und dort in den Luftschutzkeller gehen. Auch nachts gab es Fliegeralarm, und im Keller war es immer sehr kalt.

Anfang März 1945 stieß die sowjetische Rote Armee von Süden her in Richtung Ostseeküste vor und stand mit ihren Panzern vor den Toren der Heimatstadt Anitas. Die Sirenen heulten Panzeralarm, und einer der Brüder sagte in Panik zur Mutter: „Mama, die Russen kommen!" Vater Franz befand sich schon längere Zeit als Soldat an der Front. Mitte Februar – gut drei Wochen vorher – hatte Mutter Emma ihr fünftes Kind geboren, lag also noch im Wochenbett – damals standen Mütter nicht gleich nach der Entbindung auf. Als sie Anfang März ihren Arzt aufsuchte, hörte sie von ihm: „Sehen Sie zu, dass Sie unverzüglich mit ihren Kindern die Stadt verlassen, es geht noch ein Zug raus". Die dramatische Flucht war ein kindliches Trauma für das sechsjährige Mädchen. Aus Anitas Feder lesen wir darüber:

Am 1. März 1945 hat mein Bruder Geburtstag und ist jetzt 9 Jahre alt. Wir sitzen mit unserer Mutter am Esstisch im Wohnzimmer. Plötzlich heulen die Sirenen, und der schreckliche Panzeralarm verbreitet die höchste Gefahrmeldung über unserer Heimatstadt. Das Geburtstagskind stößt vehement unter lautem entsetzlichem Weinen den Satz hervor: „Mama, die Russen kommen." Dadurch springt die Angst auch in mich hinein. Ich bin erst sechseinhalb Jahre alt und weiß noch nicht, was ein Krieg bedeutet. Aber der bisweilen auch nächtliche Fliegeralarm gehört selbstverständlich zu unserem Leben. Im grauen Luftschutzkeller ist es sehr kalt. Ich friere sogar in meinem Wintermantel. Unsere Mutter liegt im Wochenbett. Mitte Februar hat die Hebamme sie von einem gesunden Mädchen in unserer Wohnung entbunden. Jetzt bin ich nicht mehr das Nesthäkchen. Am 1. März sitzt unsere Mutter schon wieder an der Nähmaschine, und in Eile näht sie einen Brustbeutel aus weißem Stoff für die wichtigen Papiere. Einen Tag später konsultiert sie unseren vertrauten Hausarzt, der sie mit folgenden Worten zur Tür begleitet: "Frau E., es geht noch ein letzter Zug aus der Stadt heraus, danach werden alle Brücken gesprengt. Die Russen sind schon kurz vor der Stadt und haben eine totale Übersicht über die ganze Stadt. Gehen Sie mit ihren fünf Kindern sofort auf die Flucht!" – „Aber Herr Doktor, ich konnte doch nicht eher, weil ich im Wochenbett lag."

Mein aus brauner Presspappe gefertigter Tornister ist mit Strümpfen vollgepackt. Zwei Wintermäntel trage ich übereinander. So bin ich gut vor der bitteren Kälte, die Anfang März 1945 noch in Hinterpommern herrscht, geschützt. In meinem Puppenwagen, den ich erst 1944 zu Weihnachten geschenkt bekam, liegt mein erst 12 Tage altes Schwesterchen, und es schläft fast immer. Meine Mutter drückt mir noch eine Milchkanne in die Hand, deren Inhalt ich aber nicht mehr benennen kann. Der älteste Bruder kann schon zwei Koffer tragen. Er ist die Stütze der Mutter auf der langen dramatischen Flucht in den Westen. Die beiden anderen Brüder tragen auch kleinere Gepäckstücke, jeder nach seinen Kräften. Menschen in großer Ansammlung drängen auf den Bahnhofsvorplatz. Ich habe bisher noch niemals so viele Menschen dicht beieinander stehen gesehen. Ein Güterzug nimmt unsere sechs jungen kostbaren Leben in seine fahrbare schützende Obhut auf. Wir sitzen dicht beieinander auf Stroh oder einem Gepäckstück. Es fällt kaum Tageslicht in den Viehwaggon. Meine Mutter wärmt über einer Kerze das Milchfläschchen für unseren kleinen Säugling. Der langsam sich fortbewegende Zug braucht für die nur etwa 40 km bis nach Kolberg einige Tage, weil die Einfahrten nach Kolberg, das bereits von den sowjetischen und polnischen Verbänden eingeschlossen ist, von mehreren Seiten her mit vielen Flüchtlingszügen verstopft sind. So bleibt der Zug manchmal plötzlich auf freier Strecke lange stehen. Und wir wissen nicht, wann er seine Fahrt fortsetzt. Ein alter Mann hebt mich aus der Enge der hockenden Menschen aus dem Dunkel des Zuges heraus. Draußen im Tageslicht im Freien erledige ich unter schrecklicher Angst, der Zug könnte ohne mich weiterfahren, mein menschliches Bedürfnis. Feindliche Flieger beherrschen den Luftraum.

In dem unter Artilleriebeschuss liegenden Kolberg bekommen wir in einem großen dunklen Bunker Unterschlupf. Total übermüdete alte Männer, Frauen und Kinder sitzen gebeugt auf Stühlen, lassen zeitweise ihre Köpfe auf die Tische sinken. Auf manchen Tischen erhellt ein Hindenburglicht das angstvolle Dunkel. Ein fremder alter Mann rüttelt meine eingenickte Mutter am Arm mit den Worten: „Sind Sie meine Frau?" Später werden die Namen von zwei Kindern von einem Uniformierten aufgerufen. Ihre Mutter hat die Nerven verloren, sich die Pulsadern aufgeschnitten und ist in die eiskalte Ostsee gelaufen. Die mutterlosen Kinder werden aus dem Bunker herausgeholt. Und in meiner jungen Kinderseele spüre ich immer mehr Angst. Den dunklen kalten Bunker hinter uns lassend, sehen unsere Augen endlich wieder helles Tageslicht.

Um den vorrückenden feindlichen Truppen zu entfliehen, gibt es nur noch den Wasserweg. Weil wir ein Neugeborenes mit uns tragen, werden wir bevorzugt auf einem Rheindampfer vom Kolberger Hafen aus mitgenommen. Der Kapitän überlässt unserer tapferen Mutter und uns fünf Kindern seine eigene Kajüte. Die große Bodenvase nimmt die Folgen unserer unübersehbaren Übelkeit klaglos auf. Nur meine kleine Schwester muss sich nicht übergeben. Sie liegt am Fußende der Liege, auf der Mutter und ich Platz haben. Meine drei älteren Brüder treibt die Neugierde auf das Deck des Rheindampfers, der kaum dem hohen Wellengang der Ostsee gewachsen ist. Sie haben vor Entsetzen weit aufgerissene Augen, als sie wieder zu uns in die warme Kapitänskajüte kommen: „Mama, die vielen Flüchtlinge auf den kleinen Fischkuttern ertrinken alle in der kalten Ostsee." – „Legt euch auf den Fußboden und versucht etwas zu schlafen." Am nächsten Morgen breitet sich ein neuer entsetzlicher Satz wie ein schnelles Feuer auf dem Dampfer aus: „In der Dunkelheit der Nacht wären wir fast auf eine Mine gelaufen. Aber unser Kapitän hat glücklicherweise nahe der Küste Schutz gesucht." Wir sind wieder einmal mit dem Leben davon gekommen.

Im Hafen von Swinemünde verlassen wir den Rheindampfer. Wir stehen am Kai, Menschen wie Trauben dicht gedrängt. Vielleicht gibt uns die Menschenansammlung etwas Wärme und Geborgenheit? Plötzlich fliegen Splitter von Artilleriegeschützen in die wartende Menschenmenge. Instinktiv ducken wir uns vor Schreck. Unversehrt stehen wir etwas später in einer Schlange von Flüchtenden vor einem stehenden Lazarettzug. Wieder rettet uns unser neugeborenes Schwesterchen. Wir finden in dem geheizten Zug Aufnahme. In zahlreichen Doppelstockbetten liegen verwundete Soldaten. Ein Arzt kümmert sich um die an der Front stark verletzten Männer. Meine Kinderaugen sehen ungewollt den blutdurchtränkten Kopfverband eines jungen Mannes. Im hellen Tageslicht des Zugfensters wechselt der Arzt den Verband. Der Soldat hat nur noch ein Auge. Ich flüchte mich schnell in die körperliche Nähe meiner Mutter, die mit dem Windelwechseln beschäftigt ist. Mittags gibt es zum Nachtisch Erdbeeren aus der Dose. Ein schwacher Trost, für das, was ich – ohne zu weinen – still ertrage. Etwa am 9. März fährt der Lazarettzug in den Bahnhof von Flensburg ein. Mit unseren wenigen Habseligkeiten verlassen wir den Zug, in dem wir Schutz, Wärme, ein Bett und auch Verpflegung bekommen haben. Dem verheerenden amerikanischen Bombenangriff auf die Hafenstadt Swinemünde sind wir nur knapp entkommen. 22.000 Menschen, zum größten Teil Flüchtlinge, sollen hier den Tod gefunden haben.

In einem so genannten Auffanglager landen wir in einem Saal, in dem zahlreiche Doppelstockbetten stehen. Auf den Betten liegen dünne Decken, die uns nicht vor der Kälte ausreichend schützen können. Vor Erschöpfung schlafe ich zunächst ein. Aber ich bibbere am ganzen Körper, werde immer wieder wach. Schließlich klettere ich aus dem hohen ungewohnten Bettgestell und setze mich zu den anderen Frierenden, die dicht um den kleinen Kanonenofen herum auf Bretterstühlen sitzen. Wir warten tagelang, nächtelang. Worauf warten wir? Wir möchten endlich ankommen an einem Ort, an dem es uns besser geht. Wir sehnen uns nach einer warmen Stube, einem Bett in dem man auch schlafen kann und einer sättigenden Mahlzeit. Wann hat diese grausame Flucht endlich ein Ende?

Unverhofft werden dann unsere Namen, die auf einer Liste stehen, aufgerufen. Die Kleinbahn befördert uns von Flensburg bis in den kleinen Ort Gelting, der 30 km entfernt, nahe der Flensburger Förde liegt. Auf dem Sammelplatz wird wieder unser Familienname aufgerufen. Ein alter Bauer, mit einem Hut auf dem Kopf, steht mit seinem Pferdegespann vor dem Bahnhof. Er hat ein mürrisches Gesicht und ist wortkarg. Ich spüre, dass er uns nicht gerne mitnimmt. Das ist meine erste Fahrt auf einem Pferdewagen. Wir fahren bis auf seinen großen prächtigen Hof. In dem schmucken Bauernhaus bekommen wir zwei möblierte Zimmer zugewiesen. Für diese Strecke von unserem Heimatort in Hinterpommern bis Gelting, etwa 600 Kilometer Entfernung, haben wir 9 Tage gebraucht. – Endlich haben meine kleinen Füße wieder Bodenberührung. Ich laufe in Freiheit über den fremden Hof, atme wieder frische Luft und sehe den schönen blauen Märzhimmel.

Diese Flucht versetzt die Familie innerhalb kürzester Zeit in bitterste Armut. Nichts ist mehr wie vorher. Einmal reist die Mutter zusammen mit Anita im April noch unter dramatischen Umständen nach Rostock, von wo aus sich der dort stationierte der Vater gemeldet hatte. Auf der Rückfahrt erlebt man am Bahnhof Hamburg-Altona einen schweren Bombenangriff und muss in den Bunker. Anita erlebt im Bunker und nach der Entwarnung auf dem Bahnsteig chaotische Szenen, an die sie sich noch lange erinnern wird.

Nicht lange nach Kriegsende taucht dann Vater Franz plötzlich bei der geflüchteten Familie auf. Er war zwar von den Russen gefangen genommen worden, konnte aber vor dem Abtransport in die Sowjetunion fliehen – Franz war immer „ein Fuchs". Er erzählte Frau und Kindern, man habe ihn zusammen mit anderen Kameraden in einem Stall eingesperrt. Auf die Frage an den Bewacher, wo man denn seine Notdurft verrichten solle, habe der ihnen eine Kanne voll Milch in den Stall gestellt: „Erst saufen aus – dann scheißen rein!"

In den ersten Wochen wurde die Flüchtlingsfamilie noch vom Bauernhof miternährt. Das hörte dann aber bald auf. Von den Lebensmittelkarten wurde aber niemand satt, und man musste ums Überleben kämpfen. Im Nachkriegs-Köln nannte man den Mundraub und Kohlenklau nicht Diebstahl, sondern fringsen (nach einem Hirtenwort des dortigen katholischen Kirchenführers Joseph Frings). So wurden von den Flüchtlingen nicht nur nachts die Kartoffelmieten auf den Feldern geplündert, Mutter Emma entnahm bei Abwesenheit der Bauernfamilie Eier aus dem Hühnerstall und wagte sich in die hinter dem bäuerlichen Schlafzimmer gelegene Vorratskammer, um dort Wurst und sogar einen ganzen Schinken zu entwenden. Als der Besuch im Hühnerstall eines Tages nicht möglich war, wunderte sich die Bäuerin über die ungewohnt vielen Eier im Nest: „Wo kann dat angohn?" Aber die Eier wurden nicht nur zum Stillen des eigenen Hungers verwendet, sondern auch zum Tausch gegen Zigaretten!

Der Krug geht so lange zu Wasser, bis...

So kam es zur Anzeige wegen Diebstahls, die Polizei wurde eingeschaltet, und die Familie wurde in eine andere Bleibe umquartiert.

Oft blieb den Kindern nur das Betteln, um den größten Hunger zu stillen. Dann hörten sie von den Bauern auch solche Sprüche: „Wi hebt sülm nix, blot Sürup un Quark – aber upgekratzt!" Der begabte ältere Bruder, der bereits in Hinterpommern das Gymnasium besucht hatte, reiste täglich als Fahrschüler in die nächste Stadt zur höheren Schule. Wie er, um den Hunger zu stillen, ins Geschäft mit den Bauersöhnen in seiner Klasse kam, schrieb Anita unter dem Titel ‚Verkauf der Intelligenz in der Fremde' auf. Danach folgen noch weitere Texte aus der ersten Nachkriegszeit.

Der starke Frost treibt den großen Jungen, der unter seiner abgetragenen Jacke friert, fast in Windeseile zur weit entfernten Kleinbahnstation. An diesem bitterkalten Wintermorgen denkt der Flüchtlingsjunge aus dem deutschen Osten an seine schönen Schlittschuhe, die er schweren Herzens Anfang März 1945 in seiner Heimat zurück lassen musste. Seine Socken frieren an den dürftigen Holzsandalen fest. Auch sein spärlicher Mageninhalt kann ihn nicht wärmen. Die Mutter hatte aus Magermilch nur eine dünne Suppe kochen können. In der Bahn fangen die kleinen hübschen Eiszapfen an seinen Wollsocken wenigstens an zu tropfen. Der Schüler schaut während der Fahrt durch das Fenster. Seine Gedanken eilen jedoch dem Zug voraus. Das viel zu schnell aufkommende Hungergefühl quält ihn. Wie gut, dass er gelassen der Klassenarbeit im Fach Mathematik entgegenfährt.

Vor dem Gymnasium sammeln sich die vielen Schüler auf dem vereisten und neu verschneiten Schulhof. Die warm gekleideten Mitschüler erfreuen sich an der weißen Pracht. Schneebälle werden geworfen. Der Ärmste der Klasse sucht hinter einer Mauer Schutz. Endlich läutet die Schulglocke. Im geheizten Klassenzimmer taut alles Frierende in dem Jungen auf. Seine blauen Augen strahlen und er freut sich auf den Unterricht. Der Studienrat lässt die Klassenarbeitshefte von einem Schüler austeilen. Mit geistiger Spritzigkeit löst der Klassenprimus schnell die gestellten Mathematikaufgaben. Jetzt fühlt er sich nicht als Verlierer, trotz seiner schmerzenden Armut. Den zweiten Weltkrieg haben doch alle Deutschen verloren, doch nicht alle sind so hart betroffen wie er und seine ganze Familie. Die einheimischen Mitschüler, die auch aus der ländlichen Umgebung kommen, aus einem warmen Zuhause, sind z. T. Bauernsöhne. In der ersten großen Pause packen die gut genährten Jungen

29

vom Lande ihre belegten Butterbrote aus. Der Schüler, der äußerlich von Mittellosigkeit gezeichnet ist, verschlingt seine dünnen Scheiben Brot, die von der Brombeermarmelade zusammengehalten werden. Der arbeitslose Vater kannte die ertragreichsten Stellen in den Knicks und hatte zur Erntezeit die sonnengereiften Früchte gepflückt.

Doch die hellen Augen des Jungen blicken immer wieder zu den Pausenbroten, aus denen die leckere Teewurst und der üppige Käse nur so hervorquellen. Ein Hauch von Bitterkeit legt sich auf seinen gerne lachenden Mund. Sehen seine Klassenkameraden nicht, dass er leidet? Jedenfalls schenkt ihm kein Wurstbrotverwöhnter etwas von seinem Überfluss.

Nach etwa sechs Unterrichtsstunden fahren einige Schüler auf ihren Fahrrädern nach Hause. Jedoch die Kleinbahn verkehrt nur in einem spärlichen Rhythmus. Zum Glück dürfen die auswärtigen Schüler im geheizten Klassenraum, selbstverständlich nur bei anständiger Führung, verbleiben. Da werden schon die aufgegebenen Hausaufgaben erledigt. Auffällig schnell klappt der viel zu schmale Flüchtlingsjunge seine Hefte zu. Er ist mit seinen Arbeiten für heute fertig. Ein paar Bauernsöhne kauen jetzt noch an ihren Federhaltern und sind von dem Stoff offensichtlich überfordert. „Lässt du mich deine Hausaufgaben abschreiben?" Diese Frage stellt zuerst der rotbäckige kräftige Johannes an den Klassenprimus. Sein knurrender Magen setzt vehement das Signal, welches lautet: „Ja gerne, aber du musst mir dafür Wurstschnitten geben." Und er bekommt, was er wünscht. In den folgenden Wochen und Monaten werden Hefte mit den fertigen Hausaufgaben gerne zum Abschreiben gegen sättigende Käse- und sogar Schinkenbrote getauscht. Sein wertvollstes Vermögen konnte selbst die Flucht diesem armen Jungen nicht rauben.

Es war im Jahre 1946. Meine kleine Schwester, die im Februar 1945 noch in unserer Heimat in Hinterpommern das Licht der Welt erblickt hatte, war ernstlich erkrankt. Wir lebten damals nach der Flucht vor den Russen in bitterster Armut auf dem Lande in Schleswig-Holstein. In zwei Räumen, in denen das Wasser an den Wänden herunter lief, stand auch ein dreibeiniger Ständer, der eine Waschschüssel trug. Zwei oder drei dünne Handtücher trockneten die mageren sieben Körper der stets hungrigen Flüchtlinge ab. Unsere Eltern waren in großer Sorge um die Gesundheit ihrer Jüngsten. Ein Telefon hatten wir natürlich nicht. Irgendwie konnten wir aber unseren Hilferuf einem Arzt überbringen. Es dauerte bei den Entfernungen auf dem Lande, die zu Fuß überwunden werden mussten, länger, aber dann traf der Herbeigesehnte ein, untersuchte die kleine kranke Patientin, verordnete ein Medikament, wusch sich die Hände, beruhigte die angstvollen Eltern und wollte sich verabschieden. Wir waren damals, so viel ich weiß, nicht krankenversichert. Meinen Eltern war diese Situation unübersehbar ins Gesicht geschrieben. Der junge Arzt sagte dann wörtlich: „Wenn sie etwas haben, so geben sie es mir, wenn sie nichts haben, so ist es auch gut." Die sichtlich Erleichterten und großherzig Beschenkten hatten weder damals sehr begehrte Nahrungsmittel, noch Geld zu geben. Die Eltern legten all ihre Dankbarkeit in ihren warmen Händedruck. Die ganze Familie war sehr berührt von diesem Samariter, der auf seinem jungen Gesicht eine Zufriedenheit trug, die er mit auf seinen weiten Fußweg nahm. Unsere gläubige Mutter sagte etwas später: „Dieser Arzt ist ein Engel in Menschengestalt."

Aus meinem Elternhaus kannte ich sehr hübsch geschmückte Weihnachtsbäume, die mit etwas Lametta, bunten Kugeln und einem kleinen Glöckchen behängt waren. An diesem silbrigen Glöckchen kam ich niemals vorbei, ohne dass ich dem niedlichen Schmuck einen Ton entlockt hatte und das war sehr oft. Diese zarte Melodie ließ mein kindliches Gemüt und mich hüpfen.

In der Nachbarschaft wohnte eine einheimische Stellmacherfamilie. Das kleine Flüchtlingsmädchen aus dem deutschen Osten war stets hungrig und kam aus der armseligen Behausung des so genannten Altenteils eines schleswig-holsteinischen Großbauern. Mit der Tochter des Stellmachers spielte ich schon seit einiger Zeit stets in Gottes wunderbarer Natur. Nun durfte ich aber zu Weihnachten meine Freundin in ihrem schönen warmen Elternhaus besuchen. Auf einem Tisch stand unübersehbar ein üppiger Tannenbaum, der mich gleich anlockte. So einen Weihnachtsbaum hatten meine Augen doch noch niemals bisher gesehen. Äpfel mit roten Backen, Kekse mit verschiedenem Zuckerguss und Schokoladenkringel zierten diesen grünen Baum. Reichlich voll behängt mit essbaren Leckereien, welch Reichtum in dieser armen Zeit, in der es immer noch Lebensmittelkarten gab. Ich weiß noch, dass ich lange geduldig darauf gewartet habe, dass man mir wenigstens eine verführerische Köstlichkeit schenken würde. Mein Heißhunger schickte meine Augen immer wieder zu diesem ‚Traumbaum'. Selbst in einem meiner vielen Träume haben meine Augen niemals so einen reichen Weihnachtsbaum gesehen. In der greifbaren Nähe stand der nicht einmal Erträumte vor mir und dennoch durfte ich nichts von diesem verführerischen Baumschmuck abpflücken. Als ich dann genug gelitten hatte, sehnte ich mich nach unserem kleinen Tannenbaum, der mir nicht solche Qualen bereitete, sondern nur Freude. Schnell bin ich dann auch zu ihm zurückgelaufen. Meine Mutter stellte dann einen selbst gebackenen sehr kreativen Möhrenkuchen auf den Tisch, den sie nur backen konnte, weil mein ältester Bruder, der auf einem entlegenen Bauernhof sich seinen Lebensunterhalt schon selber verdienen musste, ein paar Möhren geschenkt bekommen hatte. Nach dieser sättigenden Stärkung hat die ganze Familie ein schönes alt vertrautes Weihnachtslied nach dem anderen laut und frohen Herzens gesungen.

Aus unserer geliebten Heimat in Ostpommern mussten wir Anfang März 1945 flüchten. Die Russen waren schon in unserer Heimatstadt. Der letzte Güterzug nahm unsere sechs jungen wertvollen Leben in seine Obhut auf. Wir befanden uns auf einer höchst dramatischen Flucht bis nach Schleswig-Holstein. Aber wir waren mit dem Leben davongekommen.

Wir hatten sehr viel verloren: unsere Heimat, die gemütliche Wohnung mit dem wärmenden Kachelofen, unsere Kleidung, unsere geliebten Spielsachen und auch die Lebensmittelvorräte. In unserem zurückgelassenen geräumigen Keller lagerten in einer großen Kiste einige Zentner Kartoffeln. Zahlreiche Weckgläser mit Erdbeeren, Birnen, Apfelmus, grünen Bohnen und jungen Erbsen hatten uns aus den Regalen entgegengelacht. Steintöpfe gefüllt mit Kürbis und Gurken hatten im Winter unseren Speisezettel bereicherten. Nicht zu vergessen die wertvollen Blaubeeren, die wir fleißig in unserem paradiesischen nahen Wald im letzten Sommer gepflückt hatten. Unsere Mutter hatte dieses kostenlose vitaminreiche und saftige Beerenobst in Bierflaschen eingeweckt. Diese wertvollen Lebensmittelvorräte hätten uns noch mindestens den darauffolgenden eisigen Winter ernähren können. In unserem Kohlenkeller lagerten geschickt aufgestapelt an einer Wand die Briketts, daneben ein Berg von dicken Buchenklötzen. Dieses unverzichtbare Brennmaterial wurde zum Heizen des Kachelofens und zum Befeuern des Küchenherdes gebraucht. Es hätte uns gewiss einen langen extrem harten Winter über wärmen können. Wenn meine Eltern alle erforderlichen Vorkehrungen für den bevorstehenden Winter getroffen hatten, sagte meine Mutter erleichtert und zuversichtlich: „Jetzt kann der Winter kommen." Aber dem nachzutrauern, was man verloren hatte, verbraucht seelische Kräfte. Darum Rückblende zu.

Jetzt brauchten wir alle unsere körperlichen und seelischen Kräfte zur Bewältigung unseres schweren Alltags. Wir Flüchtlinge waren nicht willkommen in Schleswig-Holstein. In den Jahren 1946/47 lebten wir alle noch von Lebensmittelkarten. Und die zugeteilten Rationen waren sehr karg bemessen. Ich besitze noch eine Lebensmittelkarte aus dieser Zeit. Schon taucht in meinem wertvollen Gedächtnis eine alte traurige Erinnerung auf. Mein zwölfjähriger großer Bruder hatte beim Einkauf unglücklicherweise zwei dieser unverzichtbaren Karten verloren. Und es gab keinen Ersatz dafür. Er wagte es kaum, nach Hause zu laufen. Unsere Mutter musste noch mehr ‚Streckschmalz' in der Bratpfanne zu einem essbaren Brotaufstrich zaubern. So bekam die ganze Familie einen Monat über noch weniger als ohnehin schon zu essen. Und der Monat war lang. In dieser Hungersnot bettelten wir Kinder an den Haustüren der einheimischen Bauern, die Mehl, Zucker, Eier, Erbsen, Würste, Schinken und Kartoffeln reichlich besaßen. Manchmal schenkte uns eine barmherzige Bäuerin eine Schmalz- oder ganz selten auch mal eine Wurstschnitte.

Zu diesem ständigen Hunger gesellte sich auch noch das schreckliche Frieren hinzu. In dem so genannten Altenteil des Großbauern teilten wir uns die Räume mit einer sechsköpfigen Flüchtlingsfamilie aus Ostpreußen. Zwei kleine Zimmer bewohnten wir. Wir waren eine Familie, bestehend aus den Eltern und fünf Kindern. In dem vorderen Zimmer stand ein Ofen, der eine Röhre zum Kochen hatte. Aber wir hatten kein Brennmaterial. Wenn wir Kinder schliefen, wanderte mein arbeitsloser Vater in dunkler Nacht in den nahen Wald. Trotz strengen Verbots raubte er Bäumen dicke Äste und auch Stücke von schon angesägten Stämmen. Manchmal wurde ich in der Nacht von dem unverkennbaren Sägegeräusch geweckt, wenn meine Eltern die dicken Holzstücke zersägten. Andere Flüchtlinge besorgten sich auch auf diese Weise ihr Heizmaterial. Wir wollten auch überleben. In beiden Zimmern lief in diesem extrem eiskalten Winter das Wasser an den Wänden herunter. Obwohl wir zu zweit in den Betten schlafen mussten, froren wir erbärmlich. Mein großer Bruder schickte mich deshalb möglichst eher ins Bett, weil für ihn dann später durch meine Körpertemperatur das klamme Bettzeug schon etwas angewärmt war. Und wenn unsere Mutter nasses Reisig in den Ofen steckte, qualmte es entsetzlich, und unsere Augen brannten und tränten. Die Tür wurde dann aufgerissen, und die Kälte strömte in die armselige Behausung. Eisblumen schmückten in diesem außergewöhnlich harten und bitterkalten Winter monatelang pausenlos unsere kleinen Fenster. Wir Kinder ließen unserer Fantasie viel Spielraum beim Betrachten der zu weißem Eis gefrorenen Gebilde. Gräser, Blumen und manchmal auch menschliche Wesen konnten wir erkennen.

Durch diese ausführliche Rückerinnerung entstehen auf meinem bunten abwechslungsreichen Lebensteppich erneut große Flächen froher Dankbarkeit. Seit vielen Jahren genießen wir die wohlige Wärme unserer Zentralheizung. Und in der heutigen Zeit können wir das ganze Jahr über frische vitaminreiche Früchte aus aller Herren Länder kaufen. Gerade im Alter spart das viel Kraft und zusätzlich auch Zeit.

Vor allem aber ist es das wertvollste Geschenk des Himmels, dass wir Deutschen schon über sechs Jahrzehnte lang ohne jeglichen Krieg im Frieden leben dürfen. Ich weiß das besonders zu schätzen, weil ich durch die dramatische Flucht als kleines hochsensibles sechsjähriges Mädchen ein Kindheitstrauma erlitten habe. – Guter Gott, segne die Entscheidungen der verantwortlichen Politiker, die sich mit Vernunft und Menschenliebe und mit all ihrer Kraft für den Frieden einsetzen!

Der Einfallsreichtum wächst mit der Armut

Im Dezember 1946 hatte Väterchen Frost schon seinen eisigen Mantel über das kleine Dorf im schleswig-holsteinischen Lande gelegt. Der Fußweg zur Schule war interessant und sehr weit. Unterwegs verzauberten mich die mit Schnee beladenen Bäume und Sträucher, und auf dem zugefrorenen kleinen Teich glitschte ich nach Herzenslust. Und bei diesem herrlichen Wintervergnügen, vergaß das kleine Schulmädchen auch mal das Zeitgefühl. Eine eigene Uhr hatte ich natürlich nicht, und so kam ich auch mal zum Schulunterricht zu spät.

Es war in den geheimnisvollen Adventswochen, als mein Lehrer mit uns Schülern eine Aufführung auf der Dorfbühne einstudieren wollte. Und ich sollte ein singendes Engelchen spielen. Trotz großer Freude über die verlockende Rolle hatte das kleine Flüchtlingsmädchen dadurch ein Problem. Woher bekam ich ein einigermaßen vorzeigbares Kleidchen? An diesem Tag begleitete mich ein wenig Traurigkeit auf meinem Heimweg von der Schule. Aber meine Mutter war in diesen schweren Jahren von Tag zu Tag erfinderischer geworden. Ganz selbstverständlich nahm sie ein weißes langes Nachthemd von meinem großen Bruder und bügelte mit so viel Liebe das Baumwollene, bis ein Engelskleid daraus wurde. Und ich sammelte im Winterwald ein paar besonders schöne Tannenzweiglein, die meine Mutter geschickt auf das kostbare Gewand nähte. Aus den verbliebenen immergrünen Zweigen band sie dann noch einen Kranz, der mein offenes blondes langes Haar schmückte. Als der Kinderchor dann auf der Bühne für die ganze Gemeinde „Kommet

Ihr Hirten, ihr Männer und Frau'n" sang, legte auch das kleine Engelchen mit dem weißgrünen Kleidchen sein ganzes Herz in dieses Weihnachtslied mit hinein. Auf dem weiten Heimweg hüpfte die glückselige Freude in der Kinderseele und der Mund ließ die einprägsame Melodie, des gelernten Weihnachtsliedes, von seinen Lippen springen. In der darauffolgenden Nacht träumte das arme Flüchtlingsmädchen, von der Verwandlung zum singenden Engel, im schlichten Nachthemd des großen Bruders.

An eine Berufstätigkeit für den Vater war unter den Nachkriegsverhältnissen im Raum Schleswig-Flensburg natürlich nicht zu denken. Im Ruhrgebiet wurden jedoch Bergleute dringend gesucht. Vater Franz zog dann alleine in einen Bergbauort im Ruhrpott um, während die Mutter mit den Kindern zunächst zurück blieb. Eines Tages kam mit der Post ein Koffer voller Steinkohlen als Paket bei der Familie an.

Eines Tages war es dann soweit, dass die Mutter mit den Kindern dem Vater ins Ruhrgebiet folgen konnte. In dem Bergarbeiterheim stand der Familie ein Zimmer zur Verfügung, in dem es im Winter immer warm war. Der Vater hatte Schichtdienst unter Tage und wurde körperlich stark gefordert. Das hatte für die Familie sogar die Folge, dass es kaum noch zu Alkoholmissbrauch kam. Die Mutter jubelte: „Jetzt kann er wenigstens nicht saufen!" Natürlich musste man in dem einzigen Raum auf den Vater Rücksicht nehmen, wenn dieser nach der Nachtschicht am Tage schlafen musste.

Hier noch wieder einige Texte aus Anitas Feder:

Für eine Tonne Kohlen

Um aus der ausweglosen Arbeitslosigkeit im Jahre 1946 herauszukommen, ging mein Vater, der gesund aus dem verlorenen Krieg zurückgekommen war, ein wahrlich mutiges Wagnis ein. Er wollte nicht länger stempeln gehen, denn diese Armut belastete unsere ganze Familie erheblich. Wir froren erbärmlich in den zugewiesenen zwei Zimmern, in denen im Winter das Wasser an den Wänden herunter lief. Der Familienvater, der gelernter Kaufmann war, reiste zunächst alleine ins Ruhrgebiet. Dort konnte man zu der Zeit noch junge Arbeitskräfte unter Tage auf den Kohle fördernden Zechen gebrauchen. Das war für meinen tapferen Vater eine total ungewohnte und anstrengende, schwere körperliche Arbeit. Als dann ein großes Zimmer gefunden war, konnte die Mutter mit uns fünf Kindern nachkommen. Ich kann mich noch heute daran erinnern, dass der erschöpfte Kohleabbauende nach seiner Frühschicht sich sofort zum Ausruhen auf seinen Strohsack legte, über dem eine grobe graue Decke lag. Wir Kinder mussten uns dann bei Regenwetter rücksichtsvoll leise verhalten.

Der Kanonenofen spendete aber genügend Wärme. Frieren mussten wir nun nicht mehr. Jeder Bergmann bekam außer einer guten Bezahlung, auch Deputat in Form von Steinkohlen für seine harte Arbeit unten auf der sechsten oder siebten Sohle ohne Tageslicht. Aber genügend zum Sattessen hatten wir immer noch nicht. Es gab noch Lebensmittelkarten. Und die Rationen waren sehr knapp berechnet. Weil die Bäcker jedoch Kohlen zum Brotbacken brauchten und offenbar nicht ausreichend Brennmaterial zur Verfügung hatten, kam den Eltern der Gedanke, einen Tauschversuch zu wagen. Ein entlegener Bäcker ging auf ihr Tauschangebot gerne ein. Für eine gelieferte Tonne Steinkohlen wollte uns der Brotbackende in Abständen 12 große Brote geben.

Wie schnell bei einer siebenköpfigen Familie mit heranwachsenden Kindern die Brotrationen der Lebensmittelkarten aufgegessen waren, brauche ich der Generation, die diese schwere Zeit selbst erlebt hat, gewiss nicht zu erzählen. Und Hunger tut weh! In der Hoffnung, dass der Bäcker damals wenigstens zwei Brote über die Ladentheke schieben würde, stiegen meine Mutter und ich in die Straßenbahn ein. An diesem Tag war in unserem Küchenschrankfach, in dem wir unseren stets zu kleinen Brotvorrat aufbewahrten, kein Krümel mehr zu finden. Wir standen im Bäckerladen und ich weiß noch, dass die Stimme meiner Mutter eine bittende Klangfarbe hatte. Sie bat um zwei Brote und die Bäckersfrau sagte: „Heute kann ich ihnen aber nur ein Brot geben." Was ist schon ein Brot für sieben hungrige Menschen! Mit dem eingetauschten einen Brot in der alten Tasche, gingen wir beide enttäuscht zur Straßenbahnhaltestelle zurück. Schließlich kostete die Beförderung mit der schönen alten Bimmelbahn auch noch Geld. Aber unser noch bestehendes Brotguthaben beruhigte uns nicht unerheblich bis zur nächsten Woche.

Nach dem verlorenen Krieg gab es auch 1946 und in den folgenden Jahren noch Lebensmittelkarten. Die Rationen waren so karg bemessen, dass besonders die heranwachsen Kinder unter dem immer wieder aufkommenden Hungergefühl sehr gelitten haben. Und Hunger tut weh! Diese schmerzliche Erfahrung musste auch ich, das viel zu schmale Schulmädchen, das aus dem deutschen Osten geflüchtet war und inzwischen im Ruhrgebiet lebte, machen. Aber es gab in Schweden und Amerika Menschen denen wir Deutschen in unserer Not nicht gleichgültig waren. Schweden war ja während des Krieges neutral und unabhängig geblieben, aber die Amerikaner waren im zweiten Weltkrieg immerhin unsere Feinde gewesen. Wenn Feinde zu Lebensrettern werden, indem sie Nächstenliebe praktizieren, das ist für mich zumindest sehr erwähnenswert. Die bekannte Quäkersuppe ist meinen Hamburger Vettern noch in sehr guter Erinnerung geblieben. Das war eine stärkende Haferflockensuppe, die in der Schule an die Kinder ausgeteilt wurde. Schon 1918 nach dem verlorenen 1. Weltkrieg hat die Quäker-Stiftung überkonfessionelle Hilfe an den Hungernden geleistet.

Das graue Lastauto mit dem Kastenaufsatz beförderte die vielen großen Thermos-Kübel, die noch aus der Zeit der NSV (Nationalsozialistische Volksfürsorge) herübergerettet waren. Dadurch bekamen unzählige hungrige Schulkinder sogar an allen Wochentagen eine sättigende warme und leckere Mahlzeit. Noch heute wird der Keller des Schulgebäudes mit den aneinandergestellten Tischen, auf denen drei riesige runde Gefäße mit einer täglich wohlschmeckenden dampfenden Suppe gestellt waren, ganz hautnah lebendig in mir. Hinter jedem Suppenkübel stand eine meistens ältere Frau mit einer Schöpfkelle in der rechten Hand. Diese Schulspeisung Austeilenden trugen bunte Kittel oder Schürzen. Wir Kinder standen sehr diszipliniert hinter einander in drei langen Reihen im spärlich beleuchteten Kellergeschoss in freudiger Erwartung einer guten warmen Speise. Ein eigenes Gefäß, in dem wir dieses essbare Glück empfangen konnten, mussten unsere Mütter uns mitgeben. Weil wir auf der Flucht aus dem deutschen Osten nur unsere Blechteller mit der geringen Vertiefung gerettet hatten, war es für mich ein ziemlicher Balanceakt, da wir Schulkinder dicht gedrängt in den Kellergängen alle mit unserer kostbaren Stärkung standen. „Bitte nicht anstoßen", haben meine Augen gewiss ständig signalisiert. Aber wir hungrigen Kinder gingen sehr vorsichtig mit diesem wertvollen Geschenk um. Es gab Erbsensuppe in der sogar etliche Wurststücken zu finden waren. „Wie viel Wurststücken hast du? Ich habe schon vier gefunden", so klingt es noch heute in meinen Ohren. Am nächsten Tag teilten die freundlichen Frauen aus den neu gefüllten Kübeln eine leckere Schokoladensuppe vor den leuchtenden Kinderaugen aus.

Ganz selten kam es aber auch vor, dass die heiß ersehnte Schulspeisung nicht pünktlich geliefert werden konnte. Nach einer kurzen Wartezeit gingen nach und nach Klassenkameraden und andere

Schüler in Richtung nach Hause. Meine älteren Brüder und ich blieben aber geduldig abwartend auf dem Schulhof zurück. Unsere leeren Mägen knurrten, und wir wussten nur zu genau, dass unsere Mutter im Kochtopf leider nur eine dünne Wasser-Kohlschnitzel-Suppe für die ganze Familie zubereitet hatte. Uns Geschwistern leisteten noch ein paar wenige andere Schulkinder Gesellschaft. Welche hoffende Ausdauer wir doch in diesen schweren Jahren bewiesen haben! Plötzlich erblickten wir das graue Lastauto, wie es in die Pestalozzistraße einbog. Spontan perlte die Freude aus unseren Herzen über die jungen Stimmen hinaus auf den großen Schulhof: „Das Essenauto kommt! Das Essenauto kommt! Gott sei Dank, das Essenauto kommt!"

Ich weiß es noch, als wenn es erst vorgestern geschehen wäre, so hat sich dieses kleine Erlebnis damals in meine junge Kinderseele eingedrückt. Es war im Jahre 1947, und ich war neun Jahre alt. Zusammen mit meiner Mutter und meinen vier Geschwistern hatte ich erst zwei Jahre zuvor unsere ostdeutsche Heimat verlassen müssen. Wir wohnten alle zusammen in einem einzigen Zimmer, welches jedoch ziemlich groß war. Abends legten wir uns müde und oftmals auch hungrig auf unsere Strohsäcke. Manchmal konnte ich bei schlechtem Wetter nicht zur Schule gehen, weil ich keine Schuhe hatte. In den Sommermonaten lief ich fast immer barfuß. Und wenn die Hecken frisch geschnitten waren, hatte ich mir Dornen in meine nackten Füße getreten. Taschengeld hatten wir Kinder natürlich auch niemals bekommen. Also, es war an einem sonnigen Tag im Monat Mai, als zwei meiner Brüder und ich auf eine kleine Wanderung gingen. Unser Weg führte uns an schmucken Einfamilienhäusern vorbei, die wunderschöne Vorgärten hatten; für meine Kinderaugen sahen sie wie paradiesische Eingangshallen aus. Es blühten viele bunte Blumen in diesen Gärten. Aber in einem Vorgarten zog ein ganz besonderer großer Strauch unser aller Augenmerk auf sich, wie ein Magnet. Dicke runde weiße Schneebälle hingen in großer Zahl an den Zweigen. Der Strauch war fast so groß wie ein Baum. Ich hatte einen so bezaubernd blühenden „Schneeballbaum" vorher noch niemals gesehen. Lustig, ja lustig schauten mich diese verführerischen weißen Bälle an. Sie erinnerten mich auch an die langen und kalten Winter in unserer ostdeutschen Heimat. Schneeballschlachten hatte ich im Winter schon oft erlebt. Aber blühende Schneebälle im Frühling, das war etwas ganz Neues für mich. Von diesem Strauch ging etwas Bezauberndes aus, wie in einem Märchen.

Auf unserer Wanderung führte uns der Weg in einen Wald hinein, und wir Geschwister unterhielten uns sehr angeregt über unsere verschiedenen Lehrer. Überhaupt ging uns niemals der Gesprächsstoff aus. Ich weiß nun nicht mehr, wer von uns zuerst den Einfall hatte, auf dem Rückweg an dem Haus zu klingeln, in dessen Vorgarten der weiße Schneeballstrauch stand. Am kommenden Sonntag war nämlich Muttertag, und auch wir wollten unserer Mutter so gerne etwas schenken. Wir beschlossen genau, wie wir vorgehen wollten. Einer der Brüder wollte klingeln, und ich sollte die Bitte vortragen. Gemeinsam übten wir den Bittstellersatz regelrecht ein. Wir hatten auch Angst, eventuell abgewiesen zu werden. Darum musste unsere Bitte das Herz des Gartenbesitzers treffen. So übte ich auf dem Weg zu dem ‚Paradiesgarten' immer wieder die beste Formulierung, die uns eingefallen war. Natürlich hatten wir das Haus mit dem außergewöhnlichen Vorgarten gleich wiedergefunden, und an der Haustür war auch schnell der Klingelknopf gedrückt. Eine Frau mit einem freundlichen Gesicht öffnete die Tür. Mein Herz schlug mir plötzlich bis in den Hals hinein, aber die Freundlichkeit in dem Gesicht der Frau ließ mich dann doch den Satz hervorbringen: „Wir möchten unserer Mutter so gerne zum Muttertag auch etwas schenken, und wir dachten, wir möchten Sie bitten, ob Sie uns ein paar Zweige von den wunderhübschen Schneebällen dafür geben könnten." Die Frau sagte gleich: „Ja, ich schneide euch gerne Zweige ab, damit ihr eurer Mutter auch am Sonntag eine Freude machen könnt. Ich hole nur noch schnell ein Messer aus der Küche." Während die freundliche Frau das Messer holte, stießen wir Geschwister uns gegenseitig an, erleichtert, dass unsere Bitte Erfolg gehabt hatte. Mit einem großen Strauß verzauberter Schneebälle, den der älteste Bruder trug, gingen wir durch die Straßen nach Hause, so glücklich, wie nur Schneekönige sein können.

Wir, eine Familie mit fünf Kindern, aus Pommern geflüchtet, wurden am Ende des Krieges zunächst in die ländliche Umgebung von Flensburg verschlagen. Mein Vater sah nur einen Ausweg, der Not aus Frieren, Hungern und Arbeitslosigkeit zu entkommen, indem er ins Ruhrgebiet ging, um als Bergarbeiter unter Tage hart zu arbeiten. Als er dann ein warmes großes Zimmer für uns alle hatte, konnten wir nachkommen.

Ich war damals ein Mädchen von neun Jahren und hatte schon den Krieg, die lange Flucht über die Ostsee, Hunger und Kälte kennen gelernt. Manchmal konnte ich im Winter nicht zur Schule gehen, weil ich keine Schuhe hatte. Aber ich war trotzdem nicht unglücklich in dieser Armut. Meine kindliche Fantasie konnte sich gut entwickeln: Ich spielte auch ohne Puppe mit einem in einen Stofflappen gewickelten Stock liebevoll Puppenmutter.

Es war in der Adventszeit 1947. Eines ruhigen Nachmittags waren mein elfjähriger Bruder und ich alleine in dem großen Zimmer. Wir hatten Langeweile und waren neugierig auf die Weihnachtsgeschenke, die unsere Eltern in einer Hartgummi-Tasche in einem metallenen Militärspind versteckt hatten. Eilig und mit schlechtem Gewissen guckten wir uns die kleinen bescheidenen Geschenke an.

Als alles wieder gut verpackt war, schärfte mein Bruder mir ein: „Du musst am Heiligabend aber so tun, als hättest du die Sachen noch nie gesehen. Du musst dich darüber freuen!"

Der Heiligabend kam, und ich weiß noch sehr gut, dass ich mich gar nicht auf die Bescherung freuen konnte. Mein „Freuen" war dann auch wohl sehr künstlich und ich war erleichtert, dass niemand etwas bemerkt hatte. Wir sangen viele schöne alte Weihnachtslieder unter dem kleinen Tannenbaum. Da klopfte es ganz unverhofft an unserer Tür. Von der Arbeiterwohlfahrt wünschte man uns fröhliche Weihnachten mit großen Geschenken, die wir dankbar annahmen. Für mich waren ein Paar Schuhe und ein warmes Kleid im Schottenmuster dabei, für uns alle köstliche Lebensmittel. Meine Mutter backte von den geschenkten Zutaten einen Kuchen, dessen „himmlischen" Geschmack ich noch heute auf der Zunge habe. Dankbarkeit und helle Freude zogen bei uns ein. Als Kind hat es mich sehr beeindruckt, dass völlig fremde Menschen uns so liebevoll beschenkt hatten. Wir waren nicht vergessen. Es gab noch Nächstenliebe!

Diese schöne Erinnerung liegt nun schon über 50 Jahre zurück, und ich denke jedes Jahr zu Weihnachten wieder gerne daran. Dieses Erlebnis hat mich vielleicht gelehrt, den Mitmenschen, den Nächsten nicht zu vergessen.

Später konnte die Familie dann in eine Zweizimmerwohnung in einem Privathaus umziehen.

Im Jahre 1949 lebten wir in einem kleinen alten Fachwerkhaus in drei winzigen Zimmern. Fast jeden Morgen hatten wir eine Maus in der Falle.

40

Wir mussten unsere wenigen Nahrungsmittel vor diesen immer hungrigen Nagern schützen.

1949 lebten wir in einem kleinen alten Fachwerkhaus

Unseren ersten Küchenschrank bekamen wir 1948 nur, weil wir einen Bezugschein vorlegen konnten. In diesem neuen Schrank hatte ich auch ein kleines Fach für meine wenigen Kleidungstücke, die überwiegend aus Care-Paketen stammten. Meine Mutter hatte eine Adresse einer liebevollen und fürsorglichen amerikanischen Familie bekommen. Immerhin war Amerika bis zum Ende des verlorenen Krieges 1945 unser Feind gewesen.

Diese großzügigen Menschen schickten uns, der Flüchtlingsfamilie aus dem deutschen Osten, in Zeitabständen immer wieder begehrte Nahrungsmittel und auch Kleidung. Mein ältester Bruder konnte schon so gut Englisch, dass er die Dankes- und Bittbriefe unserer Mutter übersetzen konnte. Den ganzen Winter über trug ich die eine warme Strickjacke, die ich besaß. Darum konnte sie erst im Frühling gewaschen werden. Aber dann kam eines Tages wieder ein Care-Paket über den Großen Teich zu uns in die armselige Behausung. Außer Dosen mit Cornedbeef, Milchpulver und Kakao war unter einigen Kleidungsstücken auch ein wunderschöner rosafarbener Pullover für mich dabei. Diesen besonderen Pullover, im Dornröschenmuster gestrickt, werde ich niemals vergessen können. Ich bin hochgesprungen vor heller Freude. Am nächsten Tag kam ich mir in der Schule wie eine Prinzessin vor. Meine Winterstrickjacke konnte dann endlich gewaschen werden.

41

Die Adventszeit hielt ihren strahlenden Einzug mit ein paar kleinen Kerzen. Wenn ich ausnahmsweise mal alleine zu Hause war, saß ich gerne neben dem warmen Kohleherd auf einem Holzstuhl und sang im Dunkeln Advents- und Weihnachtslieder. Als mein großer Bruder in die Küche kam, sagte er: „Wie gemütlich es ist, wenn du singst." Zum Glück hatten wir einen sangesfreudigen älteren Lehrer an unserer Schule. Dieser Pädagoge hatte mit uns Schülern sehr geschickt ein kleines weihnachtliches Stück eingeübt. Mit viel Eifer probten wir im Kinderchor „Kommet ihr Hirten, ihr Männer und Frau'n..." Gerade in dieser so armen Zeit bin ich mit Freuden zu diesen Singproben gegangen. Weil wir dieses einstudierte Stück in unserem Gemeindehaus für alle aufführen sollten, stellten wir uns einer weiteren Herausforderung. Ich durfte mit etlichen anderen Kindern als singender Engel mitspielen. In dieser armen Zeit hatten besonders wir Flüchtlingskinder ein Problem. Wo bekam ich nun ein Engelsgewand her? Wir wollten den Zuschauern auch einen weihnachtlichen Anblick auf die Bühne zaubern. In jenen Jahren nach dem verlorenen Zweiten Weltkrieg war unsere Mutter mit kreativen Einfällen immer wieder spontan gesegnet. Ein langes weißes Nachthemd meines großen Bruders, das im Koffer auf der Flucht noch ein Plätzchen in einer Ecke gefunden hatte, erlebte jetzt seine Premiere auf der Bühne eines Gemeindehauses. Eifrig sammelte ich im nahen Wald kleine frische Tannenzweiglein, die beim Schlagen der Bäume auf dem Waldboden liegen geblieben waren. Meine erfindungsreiche Mutter nähte die duftenden grünen Zweiglein geschickt in Abständen auf das weiße Hemd. Aus den übrigen Tannenzweigen band sie mir noch einen Kranz, der mein offenes blondes Haar festlich schmückte.

Am vierten Adventssonntag strömten viele Besucher in den geheizten Saal des Gemeindehauses. Wir Schulkinder hatten vorher überall einfache, aber freundliche Einladungszettel verteilt. Auf der Bühne wurde ein Krippenspiel aufgeführt. Alle Anwesenden lauschten andächtig den Worten der Laienspieler. Danach kam der große Einsatz des Kinderchores. Der kleine Engel im tannenbestickten weißen Gewand legte sein heißes Herz in seine kräftige Stimme und sang mit Inbrunst: „Kommet ihr Hirten, ihr Männer und Frau'n..." Langsam erhoben sich die Zuschauer von ihren einfachen Holzstühlen, und dann setzte ein dezenter anerkennender Applaus ein. Es fiel mir schwer, das wundervolle Engelskleid vor dem weiten Heimweg von vielen Kilometern auszuziehen. Im Schutze meiner beiden älteren Brüder wanderte ich glücklich in der Dunkelheit heimwärts.

Ein paar Tage später war dann endlich Heiligabend. Ich war wie jedes Jahr voller Erwartung, was ich wohl geschenkt bekäme. Ein kleiner schöner Tannenbaum stand auf dem Tisch in der Ecke, weil wir keinen besseren Platz für den grünen Baum aus dem Wald hatten. Kerzen und ein wenig Lametta waren sein Schmuck. Die große Familie saß dicht beieinander und sang viele vertraute Weihnachtslieder. Mit Rücksicht auf unsere kleine Schwester sagte unser Vater dann: „Ich merke, dass die Kleinste die Anspannung kaum noch aushält, darum wollen wir jetzt für heute mit dem schönen Singen aufhören." Auf dem Küchentisch lagen unter einem weißen Tuch ein paar Geschenke für alle. Und ich traute meinen Augen kaum, als ich einen niedlichen Puppenjungen mit krummen Beinchen an meinen Körper drücken konnte. Welch eine heiße Freude erfüllte mein Kinderherz. Diese Babypuppe hatte schon eine weite Reise über den Großen Teich von Amerika bis zu uns nach Schleswig-Holstein gemacht. Sie hatte schon einen Namen, der auf einem Schildchen an ihrem Handgelenk befestigt war. Billy war meine erste Puppe, die ich nach der dramatischen Flucht aus Hinterpommern geschenkt bekam und die mir alleine gehörte. Denn alle meine schönen Puppen und anderen liebgewordenen Spielsachen hatte ich in der Heimat schweren Herzens zurücklassen müssen.

Der bunte Teller war für uns Kinder aber auch sehr wichtig. Ein Marzipanstück, ein paar Kekse und zwei Apfelsinen und Äpfel lagen auf dem bunten Pappteller. Weil wir das ganze Jahr über keine Südfrüchte kaufen konnten, waren diese saftigen Orangen-Bälle besonders begehrt. Mein etwas älterer Bruder und ich waren schon im Schlafanzug. Vor dem endgültigen Zubettgehen nahmen wir mit diesen „Bällen" in der Hand, so gut es ging, einen schwungvollen Anlauf in der kleinen Schlafstube und berührten tatsächlich hochspringend mit unseren nackten Füßen die kalte Wand. Mit den Apfelsinen in der Hand sangen wir dabei beide: „Heut schleußt er wieder auf die Tür..." Diese wunderbaren Glücksmomente haben bis heute einen unauslöschbaren Platz in meinem Herzen. Und sie zaubern mir noch heute an kalten Wintertagen ein Lächeln in mein Gesicht.

Brot-Erinnerungen

1939 soll die Mutter mich mit Weißbrot-Bröckchen gefüttert haben.
1943 hatte ich den säuerlich-deftigen Geschmack des Kommissbrotes täglich auf meiner Zunge. Mein Vater brachte die großen dunklen Soldaten-Brote aus der Kaserne zum Sattessen mit.
1945 nach der Kapitulation warfen britische Soldaten Scheiben schneeweißen Brotes in die grünen Straßengräben. Wir Kinder stillten damit ungeniert unseren Hunger.
1945 es war im Winter, als ich gemeinsam mit meinen Älteren Brü-

dern an vielen Haustüren der einheimischen Landbevölkerung um Brot bettelte. Und so manche Schmalzschnitte wurde uns Flüchtlingskindern geschenkt.

1946 säumten viele Menschen die abgeernteten Kornfelder und warteten geduldig, bis der Bauer mit der "Hungerharke" über das Stoppelfeld gestrichen war. Erst danach durften wir die wenigen verbleibenden Ähren aufsammeln. Und manchmal konnte ich abends vor Hunger kaum einschlafen.

1947 stand ich stundenlang in der langen Schlange vor dem Bäckerladen, um ein Maisbrot zu ergattern. Meine Mutter tauschte auf dem Schwarzen Markt ihre einzige Uhr für Brot ein.

1950 konnte ich schon wieder unter vielen Brotsorten im Bäckerladen auswählen.

1965 kochte ich aus hartgewordenem Brot eine wohlschmeckende Brotsuppe. Damit wollte ich auch meinen Kindern ein Beispiel geben, dass sie niemals Brot wegwerfen sollen.

1970 teilte ich mit unangemeldetem Besuch mein letztes Brot, das ich im Hause hatte.

1980 warf ich ein halbes verschimmeltes Brot in den Abfalleimer. Mein Gewissen schrie dabei.

1985 aß ich manchmal Knäckebrot, um schlank zu bleiben.

1999 genieße ich in aller Ruhe eine Scheibe trockenen Brotes und stelle fest, wie köstlich sie schmeckt.

Brotabhängig werde ich bleiben, lebenslang.

Glückliche Heimkehr

Diese wahre Geschichte hat mir mein 71jähriger lieber Vetter im Advent 2008 erzählt. 1945 hat dieses überwältigende Erlebnis, damals war er ein fröhlicher achtjähriger Junge, seine Seele tief berührt und bis jetzt abgespeichert.

Deutschland lag nach dem verlorenen grausamen 2. Weltkrieg in Trümmern, und die Armut war überall sichtbar. Die kleine Familie wohnte in Hamburg. Der Stadtteil, in dem die Mutter mit ihren beiden schulpflichtigen Söhnen lebte, war zum Glück von den feindlichen Bomben verschont geblieben. So hatten sie Ihr gemütliches Zuhause behalten. Die zarte Frau hatte seit zweieinhalb Jahren überhaupt kein Lebenszeichen mehr von ihrem Mann bekommen. Er galt offiziell als vermisst gemeldet. Sie wusste aber, dass ihr treusorgender Mann in russische Kriegsgefangenschaft geraten war.

Wenn die beiden Kinder vormittags in der Schule fleißig lernten, stand ihre Mutter geduldig vor den Kaufmannsläden nach den spärlich rationierten Lebensmitteln an. Wenn sie an der Reihe war, wurde ihr manchmal nur noch ein kleines Brot über die Ladentheke geschoben. Enttäuscht stand sie danach in der Schlange beim Gemüsehändler an, um vielleicht noch einen Kohlkopf zu ergattern. So ging es damals allen Deutschen, außer den Bauern. Es gab zu der Zeit in Deutschland Lebensmittelkarten. Die Rationen waren so gering bemessen, dass den Menschen die Mägen oft vor Hunger knurrten.

Horst war 11 Jahre und der stillere von den beiden Brüdern. Martin war im Advent 8 Jahre alt geworden, und er war temperamentvoller und lustiger als sein großer Bruder. Die beiden Jungen kannten ihren Vater aus der Vergangenheit. Doch langsam verblasste das Bild des Vaters. Darum holte die Mutter sonntags auch das Fotoalbum aus dem Bücherbord, und sie erzählte viel vom geliebten Vater, damit Horst und Martin ihren „Vati", wie sie ihn nannten, nicht vergessen sollten. Unter einem Vorwand ging die traurige Mutter zwischendurch mal in die Küche, um ihre Tränen zu trocknen. Ihre Kinder sollten möglichst unbeschwert und fröhlich aufwachsen. Im weitläufigen Volkspark, der nahe ihrem Zuhause lag, konnten Horst und Martin sich, wenn sie ihre Schulaufgaben erledigt hatten, nach Herzenslust austoben. Dort hatten sie auch ihre Freunde gefunden. Aber jeden Sonntag gingen die beiden Brüder gerne in die Luther-Kirche zum Kindergottesdienst, weil die junge Gemeindehelferin die Geschichten aus der Bibel spannend erzählen konnte.

Am 3. Sonntag im Advent schien die Wintersonne strahlend und tröstend vom blauen Himmel. Die Kinder hatten unter Anleitung im Kindergottesdienst Strohsterne gebastelt. Diese schlichten schönen

Sterne wollten sie bis zum Heiligabend noch verstecken und dann ihrer Mutti schenken.

Plötzlich klingelte es an ihrer Wohnungstür. Horst war zuerst an der Tür und öffnete. Ein Mann in einer verschlissenen graugrünen Wehrmachtsuniform mit einem von Ödemen entstellten Kopf stand dem erschrockenen Jungen gegenüber. „Vati, bist du es?" – „Ja, mein großer Horst, ich bin es, dein Vater." Inzwischen waren der heitere Martin und die ahnungslose Mutter im langen Korridor erschienen. Die Mutter erlitt einen Schreikrampf, Horst stand daneben und weinte bitterlich. Der achtjährige Martin lachte vor Freude. Erst langsam löste sich der Schockzustand der Mutter auf. Dann umarmten sie sich alle gleichzeitig.

Die wunderbare Nachricht, dass schon die ersten Heimkehrer aus russischer Kriegsgefangenschaft im Advent 1945 entlassen wurden, verbreitete sich schnell in der Nachbarschaft und der näheren Umgebung. An den folgenden Tagen klingelte es immer wieder an ihrer Wohnungstür. Eine Nachbarin hatte zwei Eier in einem Stückchen Papier eingepackt. Das waren die letzten, die sie selber hatte. Sie schenkte sie aus vollem Herzen. Ihre Hände streichelten dem Heimkehrer das entstellte Gesicht. „Ich freue mich so sehr mit Ihnen!" Dann verschwand sie leise. Aus der Straße, in der sie wohnten, kamen auch mitfühlende Menschen und wollten etwas helfen, so gut sie es konnten. Ein Mann brachte ein paar Heringe, die er entbehren konnte. „Damit Sie wieder zu Kräften kommen", mit diesen Worten umarmte er den von der langen Kriegsgefangenschaft gezeichneten Mann. In den nächsten Tagen bekam die nun wieder vollzählige Familie immer wieder lieben Besuch. Ein großes Stück Brot schenkte ihnen eine Hausnachbarin. Über das große Geschenk staunte der blonde Martin und jubelte: „Vati, dann kannst du dich aber wieder mal richtig satt essen." Und alle freuten sich mit. Am Heiligabend bekam die Familie von einem bisher unbekannten alten Mann ein gutes Stück Wurst geschenkt. „Ich habe von Ihrer Heimkehr gehört und kann in meiner Wohnung nur mit gutem Gewissen meine Wurst essen, wenn ich nicht vorher mit ihnen teile, was ich auch geschenkt bekam." Dem Vater liefen Tränen der Rührung über sein Gesicht. Der Unbekannte streichelte den beiden staunenden Kindern über ihre Köpfe. „Ein gesegnetes Weihnachtsfest wünsche ich von Herzen." Dann ging er aus der Tür. Horst und Martin jubelten vor Freude. „Mutti, so viele gute Lebensmittel haben wir nur geschenkt bekommen, weil unser Vati endlich wieder bei uns ist."

Als die beiden Brüder am Heiligabend vom Krippenspiel, das in der Kirche aufgeführt wurde, heimkamen, stand ein kleiner Weihnachtsbaum vor ihrer Wohnungstür. Sie klingelten, und die Mutter öffnete ihnen die Tür. „Mutti, der schöne Weihnachtsbaum stand auf unserer Fußmatte." Die glückliche Mutter schloss ihre beiden Jungen in ihre Arme: „Wir werden immer noch so liebevoll von anderen Menschen beschenkt. Horst und Martin, helft mir bitte beim Schmücken des Weihnachtsbaumes." – „Ja, gerne Mutti. Dann möchten wir dir auch schon unsere Geschenke überreichen. Wir hängen sie gleich an den Baum. Diese schönen Strohsterne haben wir bei Frau Ortmann im Kindergottesdienst selber gebastelt." – „Ich danke euch dafür, meine geschickten und fleißigen Söhne." – „Wenn wir alles geschmückt und gemütlich gemacht haben, wecken wir erst unseren Vati", sagte Martin. Und seine Kinderaugen strahlten. Dann saß der Vater in seinem Sessel, und unter Tränen der Dankbarkeit sagte er: „Das ist das glücklichste und schönste Weihnachtsfest, das ich jemals erlebt habe. Wie froh und dankbar ich bin, dass ich euch gesund in unserer vertrauten Wohnung wieder gefunden habe."

Weil die Zeitzeugen langsam aussterben, ist es für mich ein großes Anliegen, diese wahre Geschichte aus dem Jahre 1945 aufzuschreiben. Als mein lieber Vetter mir sein unvergessliches Erlebnis von der Heimkehr seines vermissten Vaters aus russischer harter Kriegsgefangenschaft erzählte, war meine Seele so tief berührt, vor allem von der Nächstenliebe unter den Menschen, trotz der eigenen Armut. Die Liebe der armen Mitmenschen war sichtbar und fühlbar. Sie wärmte die Herzen der Beschenkten und auch der Gebenden.

Es kam dann auch wieder zu des Vaters von Frau und Kindern gefürchteten Alkoholexzessen, bei denen dieser sehr aggressiv gegen die Mutter und auch gegen den zweiten Sohn werden konnte. Einmal bedrohte Letzterer seinen Vater mit einem Messer. Anita musste mit ansehen, dass ihr Vater ihrer Mutter ein Auge blau geschlagen hatte, das diese dann unter einer schwarzen Augenklappe zu verbergen suchte. Als die Mutter sich einmal aus Verzweiflung die Pulsadern aufschneiden wollte, musste das Mädchen das vergossene Blut aufwischen.

Anita war eine sehr gute Schülerin. Die Schule war sogar Fluchtort für sie und bot ihr Geborgenheit. In der Volksschulklasse war sie jahrelang Klassenbeste. Auf dringendes Anraten der Lehrer kam sie für einige Zeit aufs Gymnasium. Dann schulten die Eltern sie zurück zur Volksschule. Die Lehrerin informierte die Klasse: „Es kommt ein Mädchen vom Gymnasium zu uns zurück. Das liegt aber nicht daran, dass dieses den Anforderungen nicht gewachsen wäre, sondern es liegt am Elternhaus." Damals galt nicht nur bei Anitas, sondern bei vielen Eltern die Meinung: „Mädchen heiraten sowieso und ziehen Kinder auf – wozu dann höhere Schulbildung und Abitur?" Als Anita dann in die oberen Klassen kam, vereinbarte die Mutter mit dem Lehrer, dass Anita zweimal wöchentlich aus der Schule fernbleiben durfte, um daheim den Haushalt zu erledigen, weil die Mutter arbeiten ging, denn der Vater hatte sich darüber beklagt, dass die Mutter „von dem von mir verdienten" Geld ihre Zigaretten kaufte – nun wollte sie zeigen, dass sie sich das selber erarbeiten könne, was ihr auch sehr gut gelang. Anita ließ sich die Hausaufgaben von Mitschülern benennen und behielt trotzdem den Anschluss, war weiterhin Klassenbeste. Wenn Diktate geschrieben wurden, musste Anita diese hinter der klappbaren Tafel schreiben. Der Lehrer wusste, dass sie fast immer fehlerfrei schrieb. Dann brauchte er anschließend nur noch die Tafel umdrehen, damit die Mitschüler sahen, wie es richtig heißen muss. Beim Kopfrechnen war sie auch bei Kettenaufgaben immer die Beste. Als ein Berufsberater in die Schule kam, meinte ihr Lehrer: „Sie sollten mal ihre Aufsätze lesen!" Nach der Schulentlassung wollte Anita eine Berufsausbildung machen, musste jedoch zuvor ein Jahr als ‚Pflichtjahrmädchen' der Mutter daheim den Haushalt erledigen. Die Schulpflicht verlangte allerdings einmal wöchentlich den Besuch der Berufsschule, wo Anita in der Klasse der Hausmädchen total unterfordert war.

Die Brüder besuchten – teils unter den neidvollen Bemerkungen des Vaters – „mit vierzehn in eine Lehre, mit siebzehn eigenes Geld verdienen und nicht mehr dem Vater auf der Tasche liegen" – das Gymnasium. Anita litt lebenslang unter der Zurücksetzung und schulischen Unterforderung. Während ihres Haushalts-Pflichtjahrs besuchte sie erfolgreich einen Schreibmaschinenlehrgang und lernte Stenographie. Als sie nach dem Jahr daheim endlich in eine Berufsausbildung treten durfte, war es äußerst schwierig, eine passende Lehrstelle, etwa in einem Büroberuf, zu finden. So landete sie als Verkäuferinnenlehrling in einem Papierladen, in dem auch Tabakwaren und Zeitschriften gehandelt wurden. Das Geschäft war spezialisiert auf Packmaterial für den Einzelhandel: Tüten, Pergament, Packpapier etc. und belieferte auch Wochenmarktbeschicker. Neben dem Inhaberehepaar war außer Lehrling Anita noch ein junger Mann beschäftigt. Wenn sie mit einem Handwagen schwere Papierrollen ausliefern sollte, ließ ihre jugendliche Eitelkeit sie die schwere Waren lieber tragen, was bei ihrer S-Skoliose ihrer Gesundheit sehr abträglich war. In dieser Lehrstelle war sie körperlich über- und geistig unterfordert. So wurde ihr Vater davon auch überzeugt, und man vereinbarte zu Anitas großer Freude nach einem Jahr mit dem Lehrherrn eine einvernehmliche Beendigung des Lehrverhältnisses.

Es gelang Anita dann, bei einem Zahnarzt die Ausbildung als praktische und kaufmännische Zahnarzthelferin zu beginnen. Nach den ersten harten Tagen – man erwarteten von Beginn an volle Leistung – gefiel ihr dieser neue Beruf so gut, dass sie überglücklich war. Ihre sehr gute Merkfähigkeit, ihr außerordentliches Namensgedächtnis – „meine Helferin hat alles im Kopf!" – ihr Sinn für Sauberkeit und Hygiene, ihr Fleiß kamen hier voll zum Zuge. Die Berufschule fand mittwochs nachmittags statt, wenn die Praxis ohnehin geschlossen war. So war sie bald eine vollwertige billige Arbeitskraft. Überstunden wurden ohne Bezahlung regelmäßig geleistet. Oft kam sie abends erst sehr spät heim. Nach Ablauf der Lehrzeit bestand sie die Prüfung.

Während der Lehrzeit nahm sie auf eigene Kosten mit Begeisterung an einem Tanzkursus teil. Sie tanzte sehr gerne und schwärmte bis ins hohe Alter von dieser Zeit.

Ihr altersmäßig am nächsten stehender Bruder hatte inzwischen die Schule abgebrochen, hatte zur Überbrückung ein Jahr lang eine Lehre auf einer Zeche (über Tage) absolviert und war dann zu einer kirchlichen und sozialen Ausbildung mit gestellter Unterkunft und Verpflegung nach Hamburg umgesiedelt, um unabhängig von den Eltern zu werden. Die gespannten Verhältnisse im Elternhause waren für Anita weiterhin sehr belastend, zumal sich der Vater inzwischen von der seit Jahren verwitweten Schwester seiner Frau gerne sexuell verführen ließ, wovon Anitas Mutter erst viel später von Fremden erfuhr.

So folgte Anita gerne der Einladung des Bruders nach Hamburg, der ihr mitgeteilt hatte, dort könne sie in einem Altenheim arbeiten und wohnen und alte Menschen betreuen. Dass diese Tätigkeit sich aber überwiegend in Putzarbeit erschöpfte, hatte sie nicht geahnt.

Anita – als Frau und Mutter

Hier lernte sie nach kurzer Zeit einen gut drei Jahre älteren jungen Mann kennen, der sich wie ihr Bruder auf einen kirchlichen und sozialen Beruf vorbereitete und bereits das staatlich anerkannte Wohlfahrtspflegerexamen (heute Sozialarbeiter genannt) bestanden hatte, jedoch noch innerhalb eines Jahres die kirchlichen Examina erwerben wollte.

Es kam dann in dieser kirchlich-sozialen Einrichtung zu allzu menschlichen Komplikationen, weil Anita in ihrer geradlinigen und kompromisslosen Art aneckte. Sie musste die Arbeit aufgeben und fuhr nach einer vorübergehenden Tätigkeit in einem Privathaushalt zurück zu ihren Eltern. Ihr Zahnarzt nahm sie gerne wieder, zumal die Ersatzkraft gerade wieder abgesprungen war.

Mit dem in Hamburg kennen gelernten jungen Mann blieb sie in Briefverbindung. Sie verlobten sich nach einigen Monaten. Anita kehrte später nach Hamburg zurück, suchte sich dort ein eigenes Zimmer und arbeitete wieder als Zahnarzthelferin.

In Hamburg erkrankte Anita an einer Magenschleimhautentzündung und musste für einige Wochen ins Krankenhaus, wo die Ärzte eine Schlafkur verordneten. Waren die unregelmäßigen Mahlzeiten und die oft langen Arbeitzeiten in ihrem Beruf die Ursache? Diese Krankheit konnte auch auf psychische Ursachen hindeuten. Psychosomatische Anfälligkeiten waren jedenfalls in Anitas späterem Leben oft zu beobachten.

Ihr Bräutigam merkte nach der ersten Phase der Verliebtheit, dass die Bindung auf Lebenszeit in einer Ehe mit Anita nicht unproblematisch werden würde. Einer von Anitas älteren Brüdern hatte ihn gewarnt: „Sie hat ihre Mucken!" Dennoch ging er das Risiko voller Optimismus ein.

Ende der 1950er Jahre galt noch eine im Vergleich mit den heutigen Ansichten und Gepflogenheiten völlig andere Sexualmoral, und es herrschten ganz andere Voraussetzungen für das gegenseitige Finden und Zusammenleben der Geschlechter. Es war sehr schwer, eine eigene Wohnung zu finden, ohne Trauschein war das Zusammenleben kaum denkbar, es gab noch den Straftatbestand der Verkupplung. Die die Empfängnis regelnde Hormonpille gab es noch nicht. Das hatte entscheidende Auswirkungen auf das Risiko des Geschlechtsverkehrs. In der Folge gab es noch viele Muss-Ehen. Die Volljährigkeit ereichte man damals erst mit 21. Jahren. Männer, die vorher die Ehe schließen wollten (oder ‚mussten'), benötigten das Einverständnis des Vormundschaftsgerichts.

Der von seinen geistlichen Leitbildern (die teilweise die Traditionen der kirchlichen Jugendbewegung pflegten) geprägte und sozialisierte Bräutigam lebte in der Ethik der Verantwortung für die geliebte Frau nach dem Motto von Walter Flex: „Rein bleiben und reif werden ist höchste und schwerste Lebenskunst." Er hatte zuvor keine persönlichen erotischen und sexuellen Erfahrungen und war bemüht, seine jugendliche Libido zu sublimieren, was bei dem hohen zeitlichen und arbeitsmäßigen Einsatz bei seiner sozialpädagogischen Berufsausbildung für ihn relativ leicht zu schaffen war. So war Anita in erotisch-sexueller Hinsicht die erste Frau in seinem Leben – und blieb auch lebenslang die einzige. Die Ehe wurde erst nach der Trauung vollzogen. Massenmedien-Aufklärung, Pille und Sexualrevolution der 1968er gab es zu jener Zeit ja noch nicht.

Der Bräutigam bewarb sich dann um eine Stelle mit Dienstwohnung in einer großen Stadt im Ruhrgebiet unweit des Wohnortes der Schwiegereltern. Man heiratete. Noch auf dem Weg zum Standesamt kamen dem Bräutigam ernsthafte Bedenken, denn für ihn ‚stand auf Ehe lebenslänglich'.

Wie er später erkannte, war Anita eine von sehr ambivalenten Gefühlen und Stimmungen geprägte Frau, die urplötzlich zu unvorhersehbaren explosionsartigen Zornesausbrüchen neigte.

Sie gleicht in manchen Charakterzügen und Verhaltensweisen ihrem Vater, nur dass sie keine Probleme mit dem Alkohol hat. Wenn sie mal zwei Gläser Wein trinkt, sind die Folgen genau umgekehrt als bei ihrem Vater. Während der dann aggressiv wird, reagiert Anita ehe gelöst und umgänglich.

Anita kann eine sehr liebe Frau sein. Sie hat sehr zarte und weiche Seiten und hat auch sehr gute Charakterzüge. Aber sie ist eine Person mit zwei Gesichtern. Und diese Gesichter können urplötzlich wechseln. Wegen ihrer hohen Sensibilität und sehr geringen Selbstbeherrschung brennen ihr bereits bei der geringsten Kleinigkeit die Sicherungen durch. Vulkanartig explodiert sie plötzlich in kaum vorstellbarer Wut, besonders bei Eifersucht. Mit Worten, wüsten Beschimpfungen, Fäusten, Fußtritten, Kleiderbügeln und allem, was ihr in die Hände kommt, kann sie dann auf den Ehemann einprügeln. Neid, Eifersucht, Missgunst sind immer wieder neu hervorbrechende Charakterzüge. Genauso unverhofft, wie so ein Emotionsvulkan ausbricht, kann sie auch aus tiefster Verstimmung plötzlich wieder ganz lieb und ausgeglichen sein.

Manche Türscheibe ging im Laufe der Ehe zu Bruch. Während der frühen Ehe zertrümmerte sie eine Scheibe mit der eigenen ungeschützten Hand, die danach stark blutete. Sie war von früher Kindheit an mit etlichen Neurosen belastet, eine davon war eine ausgeprägte Eifersuchtsneurose. Für Anita bedeutete Ehe immer symbiotische Nähe mit dem Partner. Sie wollte ihn ständig im Griff haben und duldete bei ihm keinerlei Freiräume und Eigenständigkeit. Sie war ja gewohnt, dass sie immer ganz in der Nähe ihrer Brüder leben konnte, die ihr Schutz vor den Unsicherheiten im Chaos des Elternhauses boten. Auch übertrug sie den Neid auf die ihr gegenüber bevorzugten Brüder nun auf ihren Mann. Auch Angstneurosen spielten eine Rolle.

Etliche Versuche, das Radfahren zu erlernen, scheiterten vor der Angst vor dem Fallen. Der Ehemann kaufte daher ein Tandem-Fahrrad, mit dem er mit ihr – vor allem im Ruhestand – viele – teilweise weite – Fahrten machte.

Zwar erwarb sie Jahre später mit erheblicher Hilfe ihres Fahrlehrers einen Führerschein – die theoretische Prüfung bestand sie spielend –, doch weil sie nach etlichen eigenen Fahrversuchen in Begleitung auf einsamen Landstraße nie mehr selber fuhr, war sie dann ‚über Jahrzehnte unfallfrei'.

Anita war eine sehr gute Hausfrau, sehr sauber, gewissenhaft, sie konnte auch mit wenig Geld sehr gut wirtschaften und gut kochen. Im Laufe der Jahre entwickelte sie hervorragende Koch- und Backkünste. Als die finanziellen Verhältnisse der Familie sich besserten, lebte sie gerne nach dem Motto: „Was nutzt das Geld, wenn man es behält?!"

Dennoch: Über 40 Jahre war die Ehe ein ständiger Kampf. Anita war sehr bestimmend und zäh und wurde mit der Zeit immer dominierender. Anfangs versuchte ihr Mann noch, sich ein Stück Eigenständigkeit zu bewahren, später passte er sich an oder flüchtete in die Arbeit und die Unabhängigkeit seines Berufes. – Anita hatte ein geniales Gedächtnis, mit dem ihr Mann längst nicht mithalten konnte, das auch seine Verfehlungen und Sünden aus fünf Jahrzehnten bis ins letzte Detail gespeichert hatte. Auch ohne konkreten Anlass, nur durch ein Stichwort oder ein Gefühl ausgelöst, können solche Erinnerungen in ihrer Perspektive plötzlich wieder hervortauchen und die ganzen Emotionen von damals wieder lebendig werden lassen.

Peter Bamm: „Mit einer Löwin zu spielen ist sicherlich ein sehr großartiges Vergnügen. Aber wenn die Löwin in Wut gerät, beginnen unberechenbare Schrecknisse... Es ist immer wieder überraschend, wie oft hervorragende Begabungen mit unberechenbaren Lastern gekoppelt sind."

Schiller: „Was hab ich nicht getragen und gelitten in dieser Ehe unglücksvollem Bund! Denn gleich, wie an ein feurig Rad gefesselt, das rastlos eilend, ewig, heftig treibt, bracht ich ein angstvoll' Leben in ihm zu, und stets an eines Abgrunds jähem Rande sturzdrohend, schwindelnd, riss er (der unglücksvolle Bund) mich dahin."

Zitate von **Norbert Lebert** aus seinem Buch:
Krankheit ist kein Zufall:
Hier einige Auszüge daraus zum Thema:

Depression

Den Neurotiker kann noch Schlimmeres treffen: die anonyme Angst: Es ist eine elementare, selbständige, völlig gegenstandslose Angst. Das medizinische Wort dafür ist Depression. Wenn man es mit Verstimmung übersetzt, kennen wir es alle. Jeder Mensch hat Tage, an denen er verstimmt, niedergedrückt, übellaunig ist. Aber solche Tage verschaffen uns nicht einmal eine Ahnung davon, welche qualvollen Zustände eine schwere Depression auslöst.

Für diese Menschen ist der Himmel nicht mehr blau, sie hören das Lachen ihrer eigenen Kinder nicht mehr. Jede Freude, jede Antrieb, jedes Interesse ist aus ihrem Leben verschwunden. Manchen von ihnen gelingt es noch, nach außen eine brüchige Fassade aufrechtzuerhalten. Dahinter aber sind sie erstarrt, leer, verzweifelt, hilflos dem Dämon Angst ausgeliefert. Eine Patientin hat es so ausgedrückt: „Ich fühle, dass ich sterben muss und doch nicht sterben kann." Und ein Geheilter versicherte seinem Arzt: „Ehe ich das noch einmal durchmachen muss, will ich sterben."

Nun ist die Depression tatsächlich eine Krankheit, die erschreckend oft zum Tode führt: zum Tod durch Selbstmord. Die Depression ist die weitaus häufigste Ursache jedes Selbstmords. Was das bedeutet, kann man in Zahlen ausdrücken: 1965 registrierte die Polizei in der Bundesrepublik 10.569 Selbstmorde und 13.441 Selbstmordversuche. In der internationalen Statistik für Todesursachen steht der Selbstmord an neunter Stelle.

Diese Statistik rehabilitiert, wenn auch auf unheimliche Weise, den „bösen" Neurotiker. Er ist nicht lebensmüde, wie es so schön heißt, er scheidet letztlich auch gar nicht freiwillig aus dem Leben – er kann die Qualen nicht mehr aushalten, die Hoffnungslosigkeit nicht mehr ertragen. Was er auch sagt, niemand versteht ihn. Seine Angst ist ja irrational, fremd, unlogisch. Er hat keinen Zugang zu ihr; der Tod scheint ihm der letzte Ausweg zu sein.

Gibt es einen Zugang zu dieser Angst?

55

Der Wiener Psychiater E. Ringel gehört zu den leider noch wenigen Ärzten, die sich seit Jahrzehnten mit diesem Problem beschäftigen. Seine Worte klingen durchaus optimistisch: „Um die unbewussten Ursachen der Selbstmordtendenz aufzudecken, muss eine eingehende Psychotherapie durchgeführt werden. Die Prognose der psychotherapeutischen Behandlung all dieser Fälle ist eine denkbar günstige. Wenn es auch mitunter nicht gelingen wird, alle neurotischen Verhaltensweisen zu beseitigen, so wird es doch in der Regel möglich sein, zumindest die ernsteste Symptomatik, nämlich eben die Selbstmordtendenz, auszuschalten. Interessanterweise hat die Erfahrung gezeigt, dass dies auch bei weit fortgeschrittenen Fällen neurotischen Verhaltens möglich ist."

Die eingehende Psychotherapie, von der Ringel spricht, besteht im Grunde darin, die anonyme Angst in ihre Bestandteile aufzulösen. Wenn der Kranke weiß, wovor er sich fürchtet, unterscheidet er sich nicht mehr vom Gesunden. Denn auch dieser hat Angst. Mit der Angst zu leben ist ein allgemein menschliches Schicksal. Wobei die Grenze zwischen normaler und neurotischer, übermächtiger Angst nicht immer leicht zu ziehen ist.

Denken wir jetzt nur einmal an den Typ des Überbeschäftigten. Wir alle kennen ihn: Er arbeitet nicht nur zwölf oder vierzehn Stunden am Tag, er muss auch am Wochenende, sogar im Urlaub rastlos tätig sein. Die Psychologen sagen: Er ist auf der Flucht vor sich selber. Er betäubt sich mit Arbeit, so wie andere sich mit Alkohol betäuben.

Aber bleiben wir bei der Depression. Hier ist die Grenze deutlich überschritten, der Zustand des Patienten ernst. Der Depressive kann sich nicht mehr betäuben, er kann seiner Angst nicht entfliehen, er ist ihr Gefangener.

Gerade die Behandlung der Depressiven zeigt uns, wie gespenstisch eine Neurose „funktioniert". So individuell verschieden die Lebensgeschichte des Kranken auch sein mag, eine bestimmte Erfahrung macht der Therapeut immer wieder: Ein Mensch, der als Erwachsener an Depressionen leidet, hat sehr häufig in der frühen Kindheit eine Periode tiefster Einsamkeit durchgemacht.

Die Spur führt also weit zurück, zu einer alten, längst verloren geglaubten Kinderangst. Sie ist wiedergekehrt, in anderer Form, in anderer Gestalt – und deshalb auch vom Patienten nicht zu identifizieren. Es sind Jahre, Jahrzehnte vergangen, und es widerspricht jeder Logik, dass die heutige Verzweiflung mit längst getrockneten Kindertränen etwas zu tun haben soll. Allerdings widerspricht auch der Zeitpunkt der Erkrankung sehr oft jeder Logik. Was haben die Leute nicht alles durchgemacht, Existenzkämpfe, Liebe, Trennung, Todesfälle, Hass, Enttäuschungen. Das wäre Anlass genug gewesen, in Depressionen zu fallen. Aber nein, jetzt, wo nach außen alles in bester Ordnung zu sein scheint, erfasst sie plötzlich diese lähmende Angst. Der Kranke selbst, mehr noch die nächsten Angehörigen fragen sich verzweifelt und ratlos: „Warum gerade jetzt?"

Die Antwort muss heißen: Weil es in der Sphäre des Unbewussten keine groben Klötze gibt. Da fallen nur feine Späne. Die Praxis zeigt, dass ein Mann, der alles erreicht hat, was er sich vom Leben erträumte, ein Erfolgreicher, ein Bewunderter, auf dem Gipfel seiner Macht von schweren Depressionen heimgesucht werden kann.

* * *

Kindheit, Jugend, Milieu, Charakter, mangelnde soziale Anpassung und Lebensschwierigkeiten ganz allgemein sind bei der Entstehung chronischer Krankheiten mit beteiligt.

* * *

Die tausend Gesichter der Neurose

Wenn ein Mensch krank ist, so begibt er sich nicht nur in ärztliche Behandlung, er erwartet von seiner nächsten Umgebung auch, dass sein Zustand respektiert wird. Tatsächlich geschieht das normalerweise auch. Man nimmt Rücksicht auf ihn, bedauert ihn, pflegt ihn.

Der Kranke darf einer gewissen Achtung oder Beachtung sicher sein, selbst wenn er nur eine Grippe oder einen Beinbruch haben sollte. Bis er wieder gesund ist, nimmt er auf jeden Fall eine Sonderstellung ein.

Es gibt eine Ausnahme, den Neurotiker. Wehe dem Patienten, dem eine solche Diagnose gestellt wird. Aus Achtung wird Verachtung, aus Leid wird Schande. Er genießt keinen

Schutz mehr. Seine Krankheit wird ihm zum Vorwurf gemacht. Bei nächster Gelegenheit, beim geringsten Streit, bei sonst einem nichtigen Anlass wird sie als Schimpfwort auf ihn zurückfallen.

Es ist, als habe man ihn aus dem Verband der ehrlichen, seriösen Kranken ausgestoßen. Wie ein Schwindler steht er da, hässlich, klein, entwertet. Er findet kein Mitleid mehr. Was immer er an Beschwerden vorbringen mag – man glaubt es ihm nicht mehr.

Der Name ist vor knapp zweihundert Jahren in der Medizin aufgetaucht: Neurose. So allein wird er aber nur selten verwendet, er präsentiert sich hauptsächlich in Wortverbindungen:

Zwangsneurose, Angstneurose, Sexualneurose, Charakterneurose, Kernneurose, Fremdneurose, Rentenneurose, Feiertagsneurose, Herzneurose, Magenneurose, Darmneurose, Konversionsneurose, Aktualneurose und so weiter.

Die Neurose hat viele Gesichter – wir werden das sehen – aber für den Patienten ist das zunächst unerheblich. In den Augen seiner Mitmenschen hat er nicht etwa eine Neurose, so wie man eine Gelbsucht oder eine Angina hat, nein – er ist ein Neurotiker.

Nach landläufiger Meinung ist aber ein Neurotiker nicht ein kranker, sondern ein unangenehmer Mensch. Neurotisch, so meinen viele, kennzeichne eine Reihe schlechter Charaktereigenschaften. Dem Neurotiker wird ganz einfach eine böse Absieht unterstellt. Schikaniert, drangsaliert oder tyrannisiert er nicht seine Umgebung? Sind die Leidtragenden nicht die anderen, die mit ihm auskommen müssen?

Das Eigenschaftswort neurotisch, heute mehr denn je im Gebrauch, besitzt kaum noch einen medizinischen Aussagewert. Im Gegenteil, im Einzelfall wird sich der Patient sagen lassen müssen: „Stell dich nicht so an, dir fehlt nichts, du bist nur neurotisch." Die Behauptung, dass die ganze Welt heute neurotisch sein soll, findet durchaus Zustimmung, weil neurotisch dabei mit verrückt übersetzt wird.

Ich muss Sie enttäuschen, liebe Leser. Der Neurotiker ist weder verrückt noch böse, weder gemein noch hinterhältig, er ist krank. Vor dieser Krankheit ist niemand sicher. Man erwirbt sie meist schon in der Kindheit, trägt sie in sich, ohne die geringste Ahnung davon zu haben. Zwanzig, dreißig oder vierzig Jahre später bricht sie aus, kann sich harmlos äußern, aber auch furchtbar, unser Leben zerstörend.

Professor J. H. Schultz stellt an den Schluss seines Buches 'Arzt und Neurose' folgende Worte: „Bedenken wir auf der einen Seite, dass jede ernstere Neurose eine viel tiefgreifendere Lebensstörung bedeutet als die Mehrzahl rein körperlicher Erkrankungen, zerstört sie doch den Menschen in seinem Innersten, schließt sie ihn doch aus von allem wirklichen Leben, ja, macht sie ihn im tiefsten Sinne lebensunfähig, so müssen wir auf der anderen Seite erkennen, dass die Unterlassung einer möglichen Hilfe hier die schwersten Bedenken eröffnet. Versäumen wir es, eine Appendizitis rechtzeitig operieren zu lassen, so werden wir von vielen Kollegen eines Kunstfehlers bezichtigt. Einen Kranken der Lebenszerstörung durch Neurose oder dem oft daraus folgenden Selbstmord zu überlassen, dürfte grundsätzlich genau das gleiche bedeuten. So möchten wir hoffen, dass auch dieser bescheidene Versuch, die grundsätzliche Position der Psychotherapie und Neurosenlehre der ärztlichen Allgemeinheit zu vermitteln, dazu dienen möge, eine feste Front der gesamten Ärzteschaft gegen den unsichtbaren Feind der Neurose zu schließen."

Ich denke, es ist wichtig, dass sich auch der Betroffene mit diesem unsichtbaren Feind so sachlich wie möglich auseinandersetzt. Und wir sind offenbar sehr viel mehr betroffen davon, als wir ahnen. Nach einer Schätzung sollen nämlich nur fünf bis zehn Prozent der Bevölkerung ganz frei von neurotischen Symptomen sein. Sollte dies auch übertrieben sein, eines steht sicher fest: Die Neurose spielt, was die Gesundheit und die Leistungsfähigkeit der Menschen unserer Zeit betrifft, eine alarmierende Rolle.

Anitas Verhältnis zu ihrer Schwiegermutter war immer sehr gespannt, was ja in vielen Familien so sein dürfte, sich in diesem Fall aber sicher durch ihre ausgeprägte Eifersucht verstärkt auswirkte. Im Anfang der Ehe war das kaum spürbar, da die Schwiegereltern östlich der innerdeutschen Grenze lebten und es daher nur selten zu Kontakten kam. Im Laufe der späteren Ehe führte das gespannte Verhältnis jedoch zu vielen Komplikationen. Der Ehemann war wahrlich kein Muttersöhnchen, fühlte sich den Eltern gegenüber jedoch auch verpflichtet – nach dem uralten Motto: ‚Du sollst deinen Vater und diene Mutter ehren'. Anitas Schwiegermutter stammte aus einfachen, kleinbäuerlichen Verhältnissen, hatte nur eine einfache Dorfschulbildung, war aber mit Handarbeiten, wie Stricken und Nähen sehr kreativ, hatte von Verwandten das Schneidern gelernt, wovon Anita für sich und ihre Kinder viel profitierte. In punkto Hygiene und Sauberkeit war sie jedoch eher großzügig, was bei der sehr akkuraten Anita auf viel Kritik stieß.

Anita hatte einen ausgeprägten Kinderwunsch. Gut ein Jahr nach der Hochzeit sollte er sich erfüllen. Sie gebar in einem Krankenhaus nach lange dauernder, aber natürlicher Geburt einen Knaben, dem sie eine sehr liebevolle Mutter wurde.

Die jungen Eltern lebten finanziell von dem Gehalt des Mannes von der Hand in den Mund. Anita hatte sich während ihrer Berufstätigkeit vor der Ehe eine kleine Aussteuer an Haushaltswäsche zugelegt. Ersparnisse gab es nicht. Aus einer gespendeten Haushaltsauflösung hatte sie einige gebrauchte Möbelstücke erhalten. Ein gebrauchter Gasherd wurde für einen geringen Preis erworben. Was fehlte, ersetzten leere Apfelsinenkisten („Jaffa-Möbel'), mit einem selbst gehandarbeiteten Deckchen verschönt. Käufe auf Kredit kamen nicht infrage.

Nicht lange nach der Geburt des ersten Kindes bekam Anita zunächst eine Harnwegsinfektion, dann oft heftige, kolikartige Schmerzen im Bauchraum und während der zweiten Schwangerschaft eine lebensbedrohliche Gelbsucht. Es gelang den Ärzten nicht, die Ursache festzustellen. Sie litt darunter furchtbar. Erst später – kurz nach der Geburt des zweiten Kindes – wurde ein Gallensteinverschluss diagnostiziert.

Inzwischen hatte der Ehemann sich beruflich verändert, und die kleine Familie war in eine beschauliche, idyllische kleinere Stadt östlich des Ruhrgebietes verzogen.

Anita schreibt über diesen neuen Wohnort:

60

Eine Liebeserklärung an eine kleine Stadt

kleine Stadt

Der Umzug aus der rußverschmutzten Großstadt, mit ihren vielen Zechen, Hochöfen und Brauereien saß mir noch in den Knochen, und meine Nerven waren schon lärmgeschädigt. Die laute Stadt im Kohlenrevier trug dennoch geduldig und nicht ohne Stolz das schwarzgraue Kleid der Wirtschaftswunderjahre und der Vollbeschäftigung.

Aber ich war in gewisser Weise auch etwas verwöhnt von den durchgehend geöffneten Geschäften. Nun aber stand ich plötzlich vor der verschlossenen Tür des adretten Krämerladens. Ich brauch-

61

te aber dringend noch ein paar Zutaten für mein geplantes Mittagessen. Verärgert stellte ich fest, dass ich die benötigte Margarine und das Mehl erst wieder um 15 Uhr kaufen konnte. Auf dem Nachhauseweg stolperte ich mehrmals auf dem ungewohnten Kopfsteinpflaster. Meine zierlichen Schuhe boten mir nicht genug Schutz vor den harten Steinen. Beim ersten gemeinsamen Abendbrot in der Altbauwohnung, in unserem neuen Zuhause, sagte ich zu meinem Mann: „Hier begegnet einem ja in der Einbahnstraße eine Kuh." Überheblich und frustgeladen hatte ich Großstädterin diesen Satz aus meinem vorschnellen Mund geschleudert. Ich hatte damit die kleine fremde Stadt verletzt, ich hatte sie doch noch gar nicht kennen gelernt.

Meine ersten beiden Kinder entdeckten mit ihrer natürlichen Neugierde die neue Umgebung spielerisch. Rund um die schmucke frühgotische Kirche aus grüngrauem Sandstein spielten sie mit den Nachbarskindern lustvoll Fangen und Verstecken. Wenn die Sonnenstrahlen den Sandstein küssten, dann lag ein leichter Goldschimmer auf den starken Kirchenmauern. Und wir konnten sogar bei schönem Wetter hinter dem Hause genussreich draußen sitzen und essen, und hatten noch den wunderbaren Anblick unserer eigenen blühenden Wicken in allen Pastelltönen, von weiß über zartrosa bis hin zu einem zauberhaften violetten Farbton. Die Blüten saßen wie Schmetterlinge an der alten Mauer, so leicht und duftig, aber sie flogen uns nicht weg.

Die kleine Stadt zeigte uns auf ihre bescheidene unaufdringliche Art ihren wirklichen Reichtum und ihre vielseitige Schönheit. Wenn ich spazierengehenderweise durch das altertümliche mächtige Stadttor schritt, und danach in den herrlich grünen Wallanlagen ganz ohne Autoverkehr, also ohne Lärmbelästigung und Luftverschmutzung, meinen erholsamen Ausflug fortsetzte, merkte ich von Tag zu Tag, dass ich der kleinen Handelsstadt bitteres Unrecht getan hatte. Auf den gut ausgestatteten gepflegten Kinderspielplätzen traf ich problemlos andere Mütter, die sich noch intensiv um ihre Kinder kümmerten. Auch hatten wir Familienmütter noch Zeit für ein ausgiebiges Gespräch. In der warmen Jahreszeit standen frisch gestrichene Bänke vor den gepflegten niedrigen Fachwerkhäusern, auf denen die ältere Generation beim Plausch saß. Auch auf den Straßen und engen Gassen blieben die Menschen zur Begegnung stehen, und so verblasste das alte lärmvolle Bild der Großstadthetze langsam in meiner Erinnerung.

Nach ein paar erholsamen Wochen der Umstellung hatte ich die geschlossenen Kaufmannsläden zur Mittagszeit auch für mich positiv angenommen. Nach dem Mittagessen erledigte ich nur noch schnell den Abwasch, und dann hielten die Kinder und auch ich einen ausgedehnten Mittagsschlaf, der sich bei uns allen im weiteren Tagesverlauf sehr positiv bemerkbar gemacht hatte. Meine lärmverwundete Seele konnte ich in eine ruhige bunte Sommerwiese betten, in der fleißige Grillen zart und lieblich die erste Geige spielten. Und manchmal, wenn ich schon mit den Kindern am Esstisch saß, vernahm unser hellhöriger Sohn bereits den Haustürschlüssel, wenn sein heimkommender Vater ihn im Schloss herumdrehte. Diese herrliche Ruhe ließ meine angescheuerten Großstadtnerven wieder gesunden. Wir alle fühlten uns schon bald so heimisch, dass in unseren Herzen kein Plätzchen mehr besetzt war mit der Sehnsucht nach der verlassenen großen lauten Stadt im schwarzen Kohlenrevier. Wenn morgens um sieben Uhr die Kirchenglocken in unmittelbarer Nähe den neuen Tag einläuteten, fielen wir Eltern manchmal aus tiefstem Schlaf, mahnend geweckt, aus unseren warmen, weiß bezognen Federbetten. Sie waren tatsächlich weiß, die Bettbezüge, denn nun konnte ich endlich unsere Wäsche draußen an der sauberen frischen Luft trocknen, ganz ohne schwarze Rußflecken. Das Läuten der Kirchenglocken war so zuverlässig, dass wir von dem schmalen Gehalt meines Mannes keinen Wecker zu kaufen brauchten. Beim Öffnen des Kinderzimmerfensters begrüßte ich mit meinen inzwischen wachen Augen die große alte Linde auf dem Kirchplatz. Ich erlebte endlich wieder die Jahreszeiten hautnah an diesem wunderbaren Lindenbaum. Bei geschlossenem Fenster konnten wir sogar bei starkem Sturm die wilde rauschende Musik des herbstlich gelb gefärbten Lindenbaumes genießen. Außer am Sonntag, kam jeden Vormittag fast zur gleichen Uhrzeit der Milchwagen durch die holprige krumme Straße gefahren. Ich konnte beim stets freundlichen Milchhändler nicht nur meine Milchtöpfe mit dem wertvollen weißen Kuhsaft füllen lassen, sondern ein anschließender kleiner Gedankenaustausch mit den ebenfalls einkaufenden Nachbarinnen war auch immer sehr beliebt. Auf diesem kleinen Fleckchen Erde wurde vor allem Nachbarschaftshilfe praktiziert. So betreute ich gerne auch mal die Kinder einer Bekannten mit, damit diese in aller Ruhe ihren nötigen Arztbesuch machen konnte. Und in einer sehr schweren Phase wurde auch mir tatkräftig geholfen. So waren wir schon bald keine Fremdlinge mehr. Ich hatte manchmal sogar das Gefühl, in einer großen liebevollen Familie meinen festen Platz gefunden zu haben.

In unserer kleinen Gartenecke goss unser Sohn fleißig die prächtig wachsenden grünen Küchenkräuter. Eine Straße weiter, bei den befreundeten Nachbarskindern vor dem Haus, ernteten Sohn und

Tochter freudig tütenweise Eicheln und Kastanien zum Basteln lustiger Figuren. Erst als Maden aus den herbstlichen grünen und braunen Baumfrüchten krochen, mussten die Tüten mit Inhalt aus dem Kinderzimmer heraus befördert werden. Die kleine Stadt hatte wirklich ein großes Herz für Kinder. Sonntags, wenn mein Mann auch mal Zeit für seine junge Familie hatte, machten wir alle zusammen einen größeren Ausflug in ein herrlich sattgrünes Wiesengebiet. Dort weideten ungestört einige schwarzweiße Kühe, von denen unser Sohn sehr beeindruckt war und deshalb den unvergessenen Satz prägte: „Wenn ich einmal eine große Kuh bin, dann mach ich auch muh." Ich möchte der kleinen Stadt eine verspätete Liebeserklärung machen. Wenn ich noch einmal die freie Wahl hätte, ob ich in einer Großstadt, mit wenigen Vorteilen und vielen krankmachenden Belastungen, oder aber in einer idyllischen gemütlichen Kleinstadt leben möchte, würde ich mich immer wieder für das moosbedeckte Schatzkästchen, mit seinen verwinkelten engen Gassen und den efeuumarmten Mauern, in dem wir noch längst nicht alle Schmuckstücke entdeckt hatten, entscheiden.

Kaum dem Wochenbett entkommen, ließ sie sich alsbald operieren und die Gallenblase entfernen. Die Situation war für die junge Familie äußerst bedrückend und schwierig zu meistern. Der Ehemann hatte in dem anderen Ort gerade eine neue Arbeitsstelle angetreten und konnte die kleinen Kinder nicht selber versorgen. Das Neugeborene – ein Mädchen – musste notgedrungen in einem Säuglingsheim unterkommen, was zwangsläufig zu Hospitalismusschäden führte. Anitas Eltern nahmen zwar den dreijährigen Sohn vorübergehend zu sich – die Großmutter gab sich alle Mühe, aber der (wie oben geschildert) schwierige Großvater machte das Unternehmen zu einer heiklen und für das Kind sehr schädlichem Unternehmen. Der Junge wurde zwischendurch noch zu einer weiteren Verwandten weiter gereicht. Schwere Entwicklungsrückschritte waren die Folge.

Anita und ihr Mann erlebten damals also sehr schwere Zeiten.

Hier wieder einige ihrer Gedanken aus eigener Feder:

Mama, guck mal,
unser Baby hat ja rote Zähne.
Ich denke, wie gut seine Beobachtungsgabe ist, und erkläre,

dass ein neugeborenes Kind noch gar keine Zähne hat.
Mama, guck mal,
ist mein gebauter Turm riesengroß?
Ich schaue auf – schäle gerade die Kartoffeln –,
begutachte, ja, du wirst ein guter Baumeister.
Und wir freuen uns beide.
Später:
Mama, guck mal,
ich krieg' so Flecken auf der Haut
Besorgt stelle ich fest, dass mein Sohn wohl die Masern bekommt.
Mama, guck mal,
Alma nimmt mir immer mein kleines Auto weg.
Ich schlichte Geschwisterstreit.
Mama, guck mal,
hab ich meine Schulaufgaben
heute schnell und gut gemacht?
Wunderbar, mein Junge,
wir freuen uns beide über die Fortschritte.
Mama, guck mal!
Wie oft bei drei Kindern, in all den Jahren?
Ich hab es nicht gezählt!

Wenn Muttersein
bis zur Selbstaufgabe gelebt wird,
stirbt die Persönlichkeit der Mutter.
So schadet sie eher ihrem Kind
und sich selbst.
Mütter sind auch Menschen
mit eigenen Wünschen
und Ansprüchen an ihr Leben.

Hast uns die tropfenden Nasen abgewischt,
fürsorglich Wadenwickel bis in die Nacht hinein erneuert,
Apfelsinenspalten appetitlich zu ‚Seerosen'
auf den Teller geordnet,
das Fieberthermometer in Vaseline getaucht, wenn wir mal
wieder eine Kinderkrankheit hatten.
Hast mit deinen Händen über unsere Blondschöpfe gestreichelt,
getröstet, wenn wir uns mit den Nachbarskindern geprügelt hatten,
die Lieblingsbonbons in die Schultüten gefüllt,
bei den Schularbeiten – nicht immer geduldig – geholfen,
das Einmaleins abgefragt,
während du die Kartoffeln für den Eintopf schältest.

Hast oftmals an der Nähmaschine gesessen
und Herzen auf unsere kaputten Jeans gesteppt.
Abends vor 'm Schlafengehen hast' uns Lieder gesungen
und an Regentagen Märchen vorgelesen,
Kasperltheater mit uns gespielt.
Aber hast uns auch mal einen ‚Katzenkopf' gegeben,
Briketts aus dem Keller hoch geschleppt,
zu Weihnachten die Lieblingspuppe neu behäkelt,
Nussplätzchen blecheweise abgebacken,
deine Hände an unseren Kinderbetten betend gefaltet.

Drei Jahre später gebar Anita ihr drittes Kind, wieder einen Knaben. Einige Tage später – die geschwächte Mutter war noch im Krankenhaus – offenbarte der Arzt dem Vater (Anita sollte noch geschont werden), das Kind leide an einer Chromosomenanomalie – bekannt als Down-Syndrom. Das war ein harter Schlag, den der junge Vater sofort einzuordnen wusste. Der Mutter wurde monatelang vor der bedrückenden Wahrheit verschont. Nach einiger Zeit merkte sie jedoch, dass dieses Kind im Verhalten von dem der anderen Kinder abwich. Irgendwann musste der Vater ihr die bittere Wahrheit mitteilen. Die Behinderung wirkte sich aber auch auf weitere körperliche Befunde aus – Trichterbrust und Herzschwäche – so dass das Kind im Alter von gut vier Monaten starb. Dem Vater war bewusst, dass der Familie dadurch die große Last wieder abgenommen worden war, aber Anita litt als Mutter schmerzlich unter dem Verlust. Erst nach langer Trauerarbeit sah auch sie diesen Kindstod als Erlösung an.

Der Wunsch nach einem Ersatz saß tief – das Risiko einer erneuten Behinderung eines weiteren Kindes wurde aber von den Fachärzten einer Universitätsklinik als äußerst gering eingestuft.

So wurde fast 12 Jahre nach der Geburt des ersten Kindes an einem neuen Wohnort – der Vater hatte die Stelle gewechselt – ein Mädchen geboren. Und dieses Kind sollte ein Glückskind werden! Unkompliziert und hoch begabt!

Anita war nun mit drei Kindern voll beschäftigt. Sie war für kleine Kinder eine sehr gute Mutter. Für den Vater, der zwar beruflich voll engagiert war, der sich aber nach seinen Mög-

66

lichkeiten in der Familie gerne mit einbrachte, war dies nicht immer ganz einfach, denn Anitas Verhalten den Kindern gegenüber brachte es mit sich, dass die Kleinen dem Vater gegenüber in ihrer Kindersprache oft sagten: „Mama macht..." Bei der Jüngsten ging das so weit, dass der Vater nicht den Kinderwagen schieben durfte. Gleich hieß es: „Mama macht!" Oft beobachtete der Vater auch in dieser Hinsicht ein eifersüchtiges Verhalten der Mutter.

Als dieses jüngste Kind vier Monate alt war, durfte der Großvater, der Vater des Ehemannes, der soeben das Rentenalter erreicht hatte, erstmals aus der DDR besuchsweise nach Westdeutschland reisen. Anitas Schwiegereltern wollten nun gerne ihr jüngstes Enkelkind erleben und meldeten sich zum Besuch an, in normalen Familien eine Selbstverständlichkeit. Der Ehemann konnte seine Eltern sogar in dem von ihm verwalteten Hause in einem Gästezimmer unterbringen, auch das warme Essen holte er mittags aus der Großküche, so dass die Belastung für Anita durchaus tragbar war. Aber Anita verhielt sich dermaßen abweisend, dass ihr Schwiegervater schon nach wenigen Tagen wieder abreisen wollte und nur mühevoll durch seine Frau zum Bleiben überredet werden konnte. Wenige Wochen später starb der Vater des Ehemanns ganz plötzlich an einem Hirnschlag. Ohne diese Reise hätte er sein jüngstes Enkelkind nicht mehr erleben können.

Nachdem die Schwiegermutter verwitwet war, war sie nicht mehr in der Lage, ohne ihren Mann die immer mal wieder nötigen Reparaturen an dem alten eigenen Häuschen durchzuführen. Als Rentnerin durfte sie nun ja ganz legal nach Westdeutschland übersiedeln. Deshalb besorge ihr der Sohn in Hamburg eine kleine Wohnung in einem Senioren-Wohnstift. Das war wiederum für Anita ein Anlass, ihrem Mann die denkbar größten Schwierigkeiten zu bereiten: „...obwohl ich dagegen bin. Er entscheidet sich gegen mich und für seine Mutter. Ich laufe zur Eheberatung."

Immer, wenn Anita von ihrer Schwiegermutter gerne etwas geschneidert oder gestrickt haben möchte, ermuntert sie ihren Ehemann zu einem Besuch, wenn er sich sonst mal nach Wochen oder Monten um die alte Mutter kümmern will, beschimpft sie ihn als Muttersöhnchen, der sich mehr um die eigene Mama, als um seine Ehefrau kümmere.

Die mittlere Tochter zeigte in der Schule – lag es an der mehrmaligen Umschulung im ersten Schuljahr wegen der Umzüge der Eltern oder waren es partielle Begabungslücken? – im Bereich Rechnen, Mengenlehre und Mathematik unüberbrückbare Fehlleistungen. Auch für den Vater war Kopfrechnen immer ein Problem gewesen. Seine beruflichen Anforderungen in dieser Hinsicht konnte er zunächst nur mit Hilfe mechanischer Addiermaschinen und später – welch ein Wunderwerk der Technik! – mit dem elektronischen Taschenrechner meistern – und er hatte viel zu rechnen und neben den sozialpädagogischen Aufgaben große Summen Geldes zu verwalten.

Für Anita war es jedenfalls unfassbar, dass die Tochter nicht rechnen konnte und ihre schlecht zensierten Klassenarbeiten verheimlichte. So entwickelte sich zwischen Mutter und Tochter ein Elektra-Verhältnis, das in der Pubertät der Tochter eskalierte. Für den Vater war diese Konstellation äußerst kompliziert.

Diese Tochter hätte von ihren Begabungen her einen Beruf – wie etwa Goldschmiedin – erlernen können. Dazu hätte sie jedoch weiter im Elternhause wohnen müssen. Das wollte Anita jedoch nicht.

Es bot sich dann eine Ausbildung als Krankenschwester mit Unterkunft in einem Schwesterwohnheim an. Die Tochter war dort ohne pädagogische Begleitung völlig auf sich alleine gestellt. In dem Hause herrschten sehr liberale – wenn nicht sogar katastrophale – Zustände. Ein halbes Jahr vor dem Krankenpflegeexamen wollte der Vater sie eines Tages wieder mal besuchen – und erfuhr: „Ihre Tochter wohnt hier nicht mehr. Sie hat vor einigen Tagen die Ausbildung abgebrochen." Sie war inzwischen volljährig. Es stellte sich dann heraus, dass sie zu einer seit Kurzem in Italien in einer religiös ausgerichteten Kommune lebenden Freundin gefahren war. Es folgten dann diverse abenteuerliche Experimente. Zu den Eltern hielt sie jahrelang ‚Funkstille'. Als die Eltern eines Tages erfuhren, dass sie irgendwo in Hamburg auf St. Pauli leben solle, befürchtete der Vater Schlimmes. Eines Tages zog sie mit einem weitaus älteren – von seiner Familie getrennt lebenden – Mann aus dem Bildungsbürgertum zusammen und lebte mehrere Jahre mit ihm in eheähnlichen Verhältnissen in einem gehobenen Wohnviertel. Heiraten wollte der Mann sie jedoch nicht, auch nicht ein Kind mit ihr zusammen haben. Dennoch war diese Entwicklung wohl eher förderlich für sie. Unter dem Einfluss dieses Lebenspartners begann sie, die Fachschulreife zu erwerben und Grafik und Design zu studieren. Die Eltern finanzierten das Studium mit. In dem Beruf war sie jedoch später nur kurzfristig tätig. Später lernte sie einen anderen – zu ihr altersmäßig eher passenden – Mann – wiederum aus dem Bildungsbürgertum – kennen, trennte sich von dem bisherigen Lebenspartner und zog zu dem neuen Freund. Sie wünschte sich und erwartete ein Kind. In dieser Situation nahm sie wieder Kontakt zu ihren Eltern auf, um denen voller Freude die Tatsache ihrer kommenden Mutterschaft mitzuteilen. So normalisierte sich das Verhältnis zu den Eltern langsam wieder.

Hier wieder ein passender Text aus Anitas Feder:

„Du, ich will mit dem Fahrrad zum Gottesdienst fahren und für die beiden beten", ruft er durch zwei offen stehende Türen seiner Frau zu. Blitzschnell reagiert die praktisch Veranlagte, entnimmt aus ihrer wohl geordneten Hausapotheke ein Medikament, und sie drückt es dem schon mit klein karierter Mütze und schlammfarbenem Anorak Bekleideten in die Hand mit den Worten: „Bring unserem kranken Schwiegersohn diese Tabletten, die ihm schnell helfen werden und fahr vorher bei der Tankstelle vorbei und kaufe eine große Flasche Cola und eine Tüte Salzstangen, damit er bald wieder auf die Beine kommt. Das halte ich heute für wichtiger, und beten kannst du auch in deinem Kämmerlein für die beiden Kranken." Der verhinderte Gottesdienstgänger fährt schweigend in Richtung Tankstelle.

Die erst drei Monate alte Enkeltochter liegt nämlich schon sieben Tage mit schwersten Durchfällen in der Kinderklinik am Tropf. Und ihr liebevoller Vater hat sich bei der Tag- und Nachtpflege mit dem hoch ansteckenden Virus infiziert. Seitdem versorgt die Mutter ihr krankes Töchterlein, doch sie braucht dringend im Krankenhaus wieder eine fürsorgliche Ablösung durch ihren Mann.

Sichtlich zufrieden kommt der Nothelfer von seiner Fahrt zurück. Der kernige Großvater umschließt seine zarte Frau mit seinen ausgebreiteten Armen und seine Lippen formen die Worte: „Wie gut, dass wir so eine mitfühlende Großmutter in unserer Familie haben."

Nach längerer Zeit wurde das Verhältnis zwischen der Tochter und ihrem neuen Partner durch eine Eheschließung legalisiert.

Der älteste Sohn blieb am längsten bei den Eltern. Nachdem er auf dem Gymnasium Probleme mit den Sprachen hatte – auch der Vater war nie sprachbegabt – drohte wegen schlechter Noten in Englisch eine ‚Ehrenrunde'. Die Eltern rieten ihm daher zu einer Berufsausbildung im technischen Bereich. Es gelang, eine Lehrstelle als Fernmeldehandwerker für ihn zu finden. Er ging fleißig jeden Morgen pünktlich aus dem Haus, musste später auch auf Baustellen arbeiten und mühevoll durch Kabelkanäle kriechen. Das motivierte ihn, mehr aus sich zu machen. Nach der Lehrabschlussprüfung meinte der Vater: „So, nun hast du ja einen anständigen Beruf." Seine Antwort: „Das ist kein Beruf, das ist ein Geck!" Er besuchte dann fleißig die Fachoberschule, machte sein Fachabitur und studierte – nicht einfach Ingenieur, sondern bewältigte ein technisches und betriebswirtschaftliches Doppelstudium und erwarb sein Diplom als Wirtschaftsingenieur. Nach einem Betriebspraktikum bei einer großen deutschen Luftverkehrsgesellschaft in Hamburg wäre er dort gerne eingestiegen, doch die verhängte plötzlich eine Einstellungssperre. So zog er nach Süddeutschland, um dort bei einem großen deutschen Konzern mit weltweiten Geschäftsbeziehungen zu arbeiten – und bleib dort – weit von der übrigen Familie entfernt.

Die jüngste Tochter schaffte Schule und Studium ohne elterliche Hilfe spielend alleine. Bei ihrer Abiturfeier meinte ihr Lehrer zu Anita: „So eine Tochter wie die Ihre hätte ich auch gerne!" Da konnten die Eltern wahrlich stolz sein!

Anita litt immer häufiger an Depressionen. Sie konsultierte Neurologen, versuchte, Hilfe durch psychotherapeutische Beratungen zu erlangen, war monatelang in entsprechenden stationären Einrichtungen. Mal ging es ihr besser, dann wieder miserabel.

Dazu wieder Texte aus Anitas Feder:

Depressionen

Unbekannte Gefühle bemächtigen sich meiner.
Werde immer verzagter und kleiner.
Unruhe treibt mich rastlos umher.
Es ist ja alles so unendlich schwer.
Versuche nach außen möglichst heil zu erscheinen.
Wie lange noch kann ich
die freundliche Fassade euch zeigen?
Kaum kann ich noch arbeiten, essen und sprechen.
Innen nagt schon unsagbares Leiden.
Tränen fließen nach außen,
doch viel öfter lautlos nach innen.
Kann nicht entrinnen
der qualvollen Pein.
Die Angst, sie wird übergroß.
Ich suche einen bergenden Schoß!
Klammere mich an die anderen,
doch ich bin viel zu schwer.
Schwere kann niemand ertragen.
Zieh' mich in mein Zimmer zurück.
Musik erfreut mich zum Glück!
Tanze mich frei nach Mozart und Händel.
Finde ich vielleicht so das Pendel meiner inneren Uhr,
vielleicht den Weg auf die richtige Spur?
Dann greif ich zu Pinsel, Farben, Papier,
lass die Bedrückung fließen aufs Blatt!
Gott sei Dank! – ich werde nicht so schnell matt.
Mag mich nicht ausschließen aus der Geborgenheit
und Gemeinschaft der andern.
Wann kann ich endlich wieder richtig wandern?
Möchte lachen, laufen und vor Freude singen!
Brauche viel Zuspruch, Aufmunterung und Verständnis.
Doch das ist nicht immer selbstverständlich.
Darf die Hoffnung nicht verlieren,
brauche eine große Portion Mut für jeden neuen Tag,
was er auch bringen mag.
Unruhig ich mich im Schlafe wälze.
Träume steigen herauf.
Schweiß tritt auf die Brust!
Frühmorgens dann erwacht,

71

bin ich erstaunt und erschrocken,
dass ich noch lebe!

Gefühle

Manchmal zittert mein Herz
wie Espenlaub im Wind,
bewegt vom kalten Lebenssturm.
Viele sagen dann zu mir:
Reiß dich doch zusammen,
stell dich nicht so an,
beiß doch auf die Zähne,
halte deine Ohren steif,
funktioniere gefälligst reibungslos,
wie eine Maschine.
Gefühle machen vielen Menschen Angst.
Sie haben nicht gelernt,
mit Gefühlen behutsam umzugehen.
Sie durften niemals Gefühle zeigen.
Aber es macht krank,
Gefühle auf Dauer zu verdrängen.
Hab Mut,
zeig deine Tränen,
deine Wut,
deine Herzlichkeit.

Immer mehr sehne ich mich danach,
alle Ängste, jegliche Lasten
abstreifen zu können,
und immer mehr möchte ich hineinwachsen
in des himmlischen Vaters Geborgenheit.

Im Alter von 51 Jahren erkrankte Anita an Brustkrebs. Sie hatte während eines Urlaubs – zusammen mit ihrem Mann im Tessin – beim regelmäßigen Abtasten der Brust einen verdächtigen kleinen Knoten gefühlt. Die Angst überwältigte sie. Man reiste vorzeitig zurück nach Hamburg. Die Ärzte beruhigten sie zunächst – es sähe alles recht harmlos aus, doch die Gewebeuntersuchung bestätigte ihren Verdacht. Durch ihre Feinfühligkeit und Sensibilität war die Gefahr rechtzeitig erkannt worden. Es wurden etliche Lymphknoten aus der Achsel entfernt und Bestrahlung verordnet. Jahrelang verliefen die Nachuntersuchungen günstig, und Anita galt als geheilt.

Anita formulierte ihre Gefühle:

Immer wieder Nachsorge

Die rote Karte an der kleinen Magnetleiste in meiner Küche habe ich ständig in meinem Blickfeld, wenn ich in diesem Raum arbeite. Sie mahnt mich also täglich, meine vereinbarten Untersuchungstermine in der Universitätsklinik auch pünktlich einzuhalten. Mit den Jahren hat das Sonnenlicht das anfänglich kräftige Rot der Karte verblassen lassen. In dieser Zeit sind auch meine körperlichen Narben unauffälliger geworden. Und ich wünsche mir, dass auch die Sorge um meine Gesundheit endlich wieder kleiner würde. Jedoch das Wort Sorge beinhaltet das bedrückende Gefühl der Unruhe und Angst. Ja, es ist so, dass ich seit meiner Krebserkrankung von Unruhe und Angst begleitet werde. In diesen dreieinhalb Jahren hat es tatsächlich noch keinen Tag gegeben, an dem ich nicht an meine Erkrankung in irgendeiner Weise denken musste. Kürzlich sagte eine Ärztin in meinem Urlaub zu mir: „Dass Sie damals an Krebs erkrankt sind, das sollen Sie ganz vergessen." Mein Gedächtnis speichert aber alles, was ich erlebe. Und ich bin meinen Gedanken gegenüber oftmals machtlos. Sie kommen und gehen, ohne dass ich sie willentlich beeinflussen kann. „Frau Doktor, verraten Sie mir doch bitte das Rezept, mit dessen Hilfe ich diesen negativen Einschnitt in meinem Leben wenigstens bis zur nächsten Nachsorgeuntersuchung vergessen kann." Diese unerfüllbare Bitte fiel mir allerdings erst ein, als ich schon längst die Arztpraxis verlassen hatte.

Schon eine Woche vor dem vereinbarten Nachsorgetermin bin ich sehr beunruhigt, und die Angst versucht mich vermehrt zu besetzen. Ob diesmal wieder alles in bester Ordnung ist? Aber ich habe in den letzten Jahren dazugelernt, und gehe an solchen schwierigen Tagen besonders liebevoll mit mir um. In der Praxis sieht das so aus, dass ich entweder schreibe oder auch stundenlang male. Bei diesen kreativen Tätigkeiten geschieht es nämlich, dass ich alles um mich herum vergesse, weil ich so positiv ausgefüllt bin, von dem, was mir da gerade mit Herz und Hand gelingt. Ich laufe aus der Realität heraus, und tauche in die Welt der Träume, Sprache, Fantasie und der Farben hinein. Das schafft in mir eine gewisse Leichtigkeit und auch ein Maß an Ausgeglichenheit. Abends gehe ich dann meistens erst spät zu Bett.

Trotzdem rückt der Tag der Untersuchung unweigerlich heran. Zuversichtlich und gleichzeitig mit bangem Herzen packe ich meine rote Karte, und den Überweisungsschein von meiner Gynäkologin, in meine Tasche. Weil ich aus Erfahrung weiß, dass ich trotz eines

Termins mit einer längeren Wartezeit rechnen muss, nehme ich auch noch zur Stärkung einen Apfel mit. Nach einer kurzen Bahnfahrt, gehe ich auf dem vertrauten Weg, den ich damals 22mal tapfer im Winter bei Eis, Sturm und Kälte zu den Bestrahlungen gelaufen bin. Die Erinnerung an jene schwere Zeit kriecht jetzt wieder hautnah in mir hoch. An diesem sonnigen Septembermorgen jedoch schenken die vielen großen Kastanienbäume mir bereitwillig ihre kleinen runden braunen Früchte. Diese schönen ‚Kullern' zaubern eine herrliche Kindheitserinnerung in mir zu Tage, die etwa fünfzig Jahre zurückliegt. Mein älterer Bruder warf gezielt Steine in die fruchttragenden Bäume, und ich sammelte später mit Freuden und voller Eifer den ‚Erntesegen' in eine alte große Tasche. Rückblende zu! Während ich mich nach ein paar besonders schönen Exemplaren bücke, huscht ein kleines Lächeln vorsichtig über mein Gesicht. Pünktlich um zehn Uhr vormittags gehe ich mit betont festen Schritten, damit ich wenigstens nach außen hin stark wirke, durch die Türe der Frauenklinik. Anhand meiner roten Karte werden meine gesammelten Röntgenunterlagen schnell gefunden. Mit diesen, für den Facharzt aussagekräftigen Dokumenten begebe ich mich in den großen Warteraum, und mische mich nach einem „Guten Morgen" zaghaft unter die bereits wartenden Frauen. In der Mitte des Raumes steht ein Tisch, auf dem die üblichen Illustrierten ihren Platz haben. Ein paar farbenprächtige Bilder verleihen den schlichten Wänden ein wenig Heiterkeit. Ich krame aus meiner Tasche mein Buch heraus, lese eine kleine Weile darin, und merke dann aber, dass ich von dem Gelesenen gar nichts in mich aufnehme. Ich befinde mich in einem hoch angespannten nervösen Zustand, einem Ausnahmezustand. Dann wird ein Name aufgerufen. Die Frau verschwindet ganz schnell in einer freien Kabine. Mir ist es zu still zwischen all diesen Leidgeprüften. Wir sind alles Fremde untereinander, und doch verbindet uns eine gemeinsame schwere Erkrankung. Das wissen wir immerhin von unserem Gegenüber. In dieser äußerst angespannten Lage erweist sich mein mitgebrachter Apfel als sehr wohltuend. Bei der Suche nach einem Abfallbehälter kann ich mich wenigstens etwas bewegen. Beim langen Sitzen spürte ich schon eine leichte Verkrampfung. Mit einer bunten Regenbogenzeitung in der Hand setze ich mich auf einen inzwischen leer gewordenen Stuhl. Die bunten Fotos können mich aber auch nicht von meinen hochaktuellen Gedanken ablenken, die jetzt wie wild durch meinen Kopf jagen. Mein vorsichtiger Versuch, diese erdrückende Stille und Sterilität zu durchbrechen, gelingt, und ich habe das Gefühl, dass die neben mir sitzende Frau sich auf mein begonnenes Gespräch bereitwillig einlässt. Wir reden über unsere Erfahrungen, die wir zu verschiedenen Zeiten hier in dieser Klinik gemacht haben. Aber wir teilen uns vertrauensvoll auch den Verlauf unserer Erkrankung mit. Dieser Austausch baut ein wenig meine auflodernden Ängste ab. Ich schaue in die Runde, sehe in die Gesichter, die wie gute Masken das Leid verbergen. Ich denke, wie geschickt können Erwachsene ihr Leid verstecken. Trotzdem bleibt mir das Angespannte in den Gesichtszügen nicht verborgen. Da kommt eine Frau von ihrer Untersuchung zurück. Mir ist, als trage sie jetzt die Sonne auf ihrem Antlitz. Sie braucht es mir gar nicht zu sagen, dass bei ihr alles in bester Ordnung ist. Hoffentlich bin auch ich bald an der Reihe. Meine Ungeduld treibt mich zu einer Medizinischen Assistentin, von der ich die Auskunft bekomme: „Heute dauert es leider so lange, weil zwei Ärzte in Urlaub sind." Das ist immerhin eine einleuchtende Erklärung für mein übermäßig langes Warten, und ich merke, wie in mir gleich Verständnis für diese außergewöhnliche Lage da ist. Aber hätte man uns ohnehin auf die Folter Gespannten nicht auch ohne mein Nachfragen diese aufklärende Mitteilung machen können? Tapfer setze ich mich wieder auf meinen Stuhl und verkündige allen anwesenden Frauen, weshalb es heute so lange dauert. Zwischendurch werden auch noch Patientinnen im Bett, die von einer Schwester gebracht werden, bevorzugt untersucht. Auf dem angrenzenden Flur herrscht den ganzen Vormittag reges Treiben.

Mein Magen signalisiert mir, ohne dass ich auf die Uhr zu schauen brauche, dass es schon Mittagzeit ist. Doch dann vernehmen meine Ohren meinen Namen. Schnell stehe ich auf und laufe in die eben freigewordene Umkleidekabine. In diesem tristen winzigen Raum gibt es nicht mal ein Bild oder Poster an der Wand. Etwas Heiteres, Buntes, noch besser Tröstendes könnte ich gerade in dieser Alarmstufe meiner Befindlichkeit gut gebrauchen. Mit fahrigen Händen entkleide ich meinen Oberkörper, und ich setze mich mit meiner umgehängten Strickjacke auf das einzige Möbelstück, den Stuhl. Mich interessiert der Spiegel an der einen Wand im Moment überhaupt nicht. Von innen wird die Kabinentür von einer Medizinischen Assistentin geöffnet. Sie begrüßt mich kurz mit meinem Namen und führt dann routinemäßig mit geschickten Händen die Röntgenuntersuchung bei mir durch. Während die Aufnahmen entwickelt werden, sitze ich wieder mit entblößtem Oberkörper in der engen Kabine, und jetzt spüre ich, dass mir der Angstschweiß unter meinen Achseln ausbricht. „Sie können sich wieder anziehen, aber bitte warten Sie noch draußen." Diesen Ablauf verstehe ich nun gar nicht mehr. Sonst hat mich immer eine Ärztin gleich in der Umkleidekabine sorgfältig untersucht und mir dann das Ergebnis mitgeteilt. Heute jedoch werde ich noch einmal erneut hereingerufen, muss wieder meinen

Oberkörper freimachen, und der Chef untersucht mich eigenhändig. Dieses ungewohnte Vorgehen schürt meine Angst fast ins Unerträgliche. Dann geschieht etwas Ungewöhnliches: „Ich muss mich bei Ihnen entschuldigen, Sie hatten um zehn Uhr Ihren Termin, und nun ist es schon kurz nach zwölf", sagt der Professor mit warmer einfühlsamer Stimme zu mir, während er sehr gründlich meinen ganzen Oberkörper abtastet. „Ich hörte, dass zwei Ihrer Ärzte im Urlaub sind, und habe für Ihre Lage Verständnis. Sie können bestimmt nicht noch schneller arbeiten, denn bei Ihnen kommt es ja so sehr auf Gewissenhaftigkeit an." Der Mann im weißen Kittel schaut mir ins Gesicht und sagt: „Das ist aber lieb von Ihnen, dass Sie das sagen." Der erlösende und befreiende Ausspruch, der alle Angst hinwegspült, kommt zum Schluss: „Es ist alles in Ordnung bei Ihnen, es besteht kein Hinweis auf ein Rezidiv. Aber in einem halben Jahr müssen Sie bitte wieder zur Untersuchung kommen." – „Ja, das weiß ich, Herr Professor." Und vor Freude möchte ich diesen väterlichen Arzt am liebsten in meine Arme nehmen. Warum habe ich in diesem Glücksmoment doch noch Hemmungen? Warum verweigere ich dem Mann in Weiß, an meiner Freude teilzuhaben?

Draußen an der frischen Luft gehen so viele fremde Menschen an mir vorbei. Ob vielleicht einer von ihnen meine vor Glück strahlenden Augen bemerkt? Als ich ein paar Stufen überwinden muss, weil ich in einem Blumenladen einen bezaubernden bunten Asternstrauß gekauft habe, stolpere ich auf der Treppe, falle mit den Blumen in der Hand halb hin, und da merke ich, dass meine Ängste doch nicht so schnell aus meinem Körper gewichen sind, wie ich es gerne hätte. Auf der Bahnfahrt kann ich mich dann endlich ausruhen, und ich denke, dass ich auf der Hinfahrt schwer mit Sorgen beladen war, während ich mich jetzt leichter fühle, weil ich wieder mal für mehrere Monate entsorgt bin, was die akute Gefahr anbetrifft. Zuhause gut angekommen, teile ich die frohe Botschaft meinem Mann gleich mit. Er schließt mich sichtlich erleichtert in seine Arme. Dann bahnen sich bei mir Tränen der Erschöpfung erlösend ihren Fluss. Nachmittags schlafe ich zwei Stunden wohlig entspannt und geborgen, wie in Abrahams Schoß. Und ich darf, ich kann, ich möchte noch leben. Dennoch ist mir bewusst, dass ich auch weiterhin nicht leicht an meinem Krebs-Kreuz zu tragen habe. Aber ich trage auch viel Hoffnung in mir. Und ich verlasse mich ganz auf Gottes Hilfe und dass Er mich auf allen meinen Wegen begleiten wird.

Etliche Jahre später wurden dann bei einer Kontrolluntersuchung wieder verdächtige Koten in der Brust gefunden, und eine erneute Erkrankung bestätigte sich. Vorsorglich wurde eine Brust entfernt.

Als Anita etwa Mitte 40 war, hatte ihr Mann sich in seinem Arbeitsbereich auf die elektronische Datenverarbeitung eingelassen und zwei PCs angeschafft, mit deren Hilfe die umfangreiche Verwaltungsarbeit bewältigt werden sollte. Da die Dienstwohnung unmittelbar an das Büro grenzte, nutzte Anita nach Büroschluss diese Computer, um kleine Gedichte und besinnliche Kurzgeschichten, an denen sie sich in letzter Zeit versucht hatte, zu schreiben. In ihrer Jugend hatte sie ja bereits erfolgreich einen Schreibmaschinenkursus besucht. Jetzt wurde sie schreibend sehr kreativ.

Ein Verlagslektor, der auch unter psychischen Problemen litt, fand besonders ihre Texte über die Depressionen sehr gut und gestaltete daraus ein Buch. Noch vor Auslieferung des Erstdrucks veranstaltete Anita mit großer Energie, Einschaltung der Presse und Verteilung von Hinweiszetteln in Arztpraxen eine Lesung, zu der etwa hundert Hörer kamen. Da Anita nicht nur gerne Texte formulierte, sondern auch sehr geschäftstüchtig war und selbst verkaufen konnte, war der Verlag von ihren Verkaufserfolgen sehr überrascht und erfreut. Als die erste Auflage zur Neige ging, wurde das Buch noch einmal gedruckt.

Durch ihren Erfolg beflügelt, wurde ein neues Buch produziert, das Anita größtenteils ebenfalls selber unter die Leser brachte.

Über mehrere Jahre hielt Anita in Kirchengemeinden, Frauen- und Seniorengruppen über hundert Lesungen.

Ihre Texte erschienen immer wieder in etlichen Anthologien, Senioren- und Frauenzeitschriften.

Diese Erfolge stärkten ihr Selbstvertrauen enorm.

Dann besuchte sie einen Kursus für sportlich-therapeutische Seniorenbetreuung und bestand als Beste die Abschlussprüfung.

Anita berichtet:

Nach vielen Jahren als Familienmutter voll eingespannt, spürte ich eine Unzufriedenheit, weil mich die Arbeiten im Haushalt nicht mehr

Johann Runge: Ein von Neurosen und Depressionen geprägter Lebensweg - Anita - Psychogramm

ausfüllten. Unsere Kinder brauchten mich auch nicht mehr ständig. Mir fehlte eine neue Aufgabe, eine Herausforderung. Mein Alltag war zu monoton. Ich wollte gerne eine befriedigende Arbeit außerhalb meiner Familie übernehmen, vor allem eine sinnvolle Tätigkeit an Menschen, die mich brauchten. Ich traf mich mit meinem Bruder zu einem Gespräch in einem gemütlichen Café. Er hatte gute Kontakte zum Diakonischen Werk und kannte etliche Kurse, die dort angeboten wurden. Gleich am nächsten Tag meldete ich mich zu einer Ausbildung an. Ich war mit freundlichen jüngeren und auch älteren Frauen mehrere Monate in einer Gruppe zusammen. Mit Begeisterung und viel Einsatz ließ ich mich zur Beschäftigungstherapeutin für Senioren ausbilden. Die Lehrkräfte verlangten viel von uns. Zum Abschluss dieser Ausbildung wurden wir einzeln von einem Team geprüft. Ich hatte eine kleine Geschichte zu den gymnastischen Übungen geschrieben. Das war für uns alle eine lockere Aufheiterung. Ich war glücklich, weil ich als Beste bestanden hatte.

Etwa zwei Wochen später feierten wir mit Besuchern den Abschluss unserer kleinen, aber sehr sinnvollen Schulung. Der freundliche Geschäftsführer des Diakonischen Werkes begrüßte alle Anwesenden sehr einladend mit den Worten: „Wir wollen heute etwas Besonderes feiern. Wie wertvoll und wichtig ist es in unserer heutigen Gesellschaft, dass sich motivierte Frauen einer Ausbildung unterziehen, damit sie den alten Menschen in den Heimen mit Spielen, Tanz, Gedächtnistraining, Singen und Zuwendung wenigstens für einen oder zwei Nachmittage in der Woche Freude und Abwechslung bringen." Ein schöner Applaus erfüllte den großen Raum, in dem die Holztische mit kleinen roten Deckchen und bunten Blumensträußen geschmückt waren.

Dann erfolgte die Übergabe der Zertifikate. Wir wurden einzeln aufgerufen. Der einfühlsame Geschäftsführer gratulierte jeder stolzen Frau und überreichte eine wunderschöne rote Rose mit dem begehrten Zeugnis. Dann kam ein so wertvoller Satz mit einer Bitte über seine Lippen, den ich bis heute nicht vergessen habe. „Werden Sie eine Gehilfin der Freude!" Diese Aufforderung berührte mein Herz bis ins Innerste. Dann wurde gemütlich etwas gegessen und getrunken, aber vor allem auch miteinander getanzt. Fröhlichkeit erfüllte die Herzen aller, die zu dieser Feier gekommen waren.

Aber es war gar nicht so einfach, eine geeignete Stelle in einem Altenheim zu finden. Doch ich bekam Hilfe durch die Unterstützung eines Kommunalpolitikers, der dem Heimleiter eines privaten Heimes Druck gemacht hatte, weil dieser bislang keinerlei Beschäftigungstherapie für die bedürftigen alten Menschen anbot. Obwohl ich eine sehr lange Fahrtzeit mit der Bahn hatte, nahm ich diese

Chance gerne an. Und ich hatte Glück, die hoch betagten und kranken Menschen hatten mich gleich in ihr Herz geschlossen und umgekehrt genauso.

Im hellen Wintergarten, der den Blick zum Himmel und in den idyllischen Garten ermöglichte, saßen die ersten Senioren schon auf ihren Lieblingsplätzen und warteten auf mich. Mit einem bunten Plakat hatte ich mein Kommen vorher schon angekündigt. Meistens hatten sich zu Beginn unseres fröhlichen Nachmittags 20 bis 25 Damen und auch ein paar Herren um mich versammelt. Jeden einzelnen Teilnehmer begrüßte ich sehr herzlich mit ein paar Worten. Ich fing immer mit einer leichten Gymnastik, unterstützt von Kassettenmusik, an. Danach habe ich versucht, das Gedächtnis der Hochbetagten zu mobilisieren. Der schönste Teil war immer, wenn wir alle gemeinsam die unvergesslichen wertvollen deutschen Volkslieder sangen. „Aus der Jungendzeit klingt ein Lied...", „Am Brunnen vor dem Tore..." und viele andere Lieder wurden gewünscht. Das Langzeitgedächtnis hatte diese Kostbarkeiten für das einsame Alter liebevoll abgespeichert. Auch für mich war es ein wunderschönes Erlebnis, dieses fröhliche einträchtige Miteinander im Gesang zu erleben. Frau Witte, die trotz ihres erlittenen Schlaganfalls geistig wieder gesund war, wollte gerne mit uns zum Abschluss singen: „Sah ein Knab' ein Röslein steh'n". Mich interessierte dann, wie alt Goethe wohl war, als er dies bezaubernde Lied schrieb. Ich schaute zuhause nach, und siehe da, der große Dichter Goethe war erst 22 Jahre jung, als er dies wunderbare zarte Liebeslied geschrieben hatte.

„Werden Sie zu Gehilfin der Freude", diesen Auftrag habe ich mit Gottes Hilfe über zwölf Jahre in diesem Senioren- und Pflegeheim mit Liebe und Kreativität erfüllen können. Und dafür bin ich heute noch sehr dankbar. Jeden Donnerstag, bevor ich morgens aus meinem Bett aufstand, habe ich meine Hände gefaltet und ein kleines Bittgebet gesprochen: „Treuer Gottvater, schenke mir so viel Liebe, damit alle alten und kranken Menschen sich in meinem Kreis wohl fühlen." Und auch heute noch kann ich sagen, dass auf dieser wertvollen Arbeit ein Segen lag.

Mehrere Jahre lang war sie dann einmal wöchentlich in einem Pflegeheim für alte Menschen für einige Stunden tätig. Ihre Versuche mit Sportübungen musste sie jedoch bald relativieren, da die pflegebedürftigen Senioren dazu kaum noch fähig waren, aber Bewegungsübungen im Sitzen konnte sie nach anfänglicher Ablehnung doch noch wagen. Die anfängliche abwehrende Haltung der Heimbewohner verwandelte sich in ein herzliches Vertrauensverhältnis. Aber vor allem gewann sie die alten Leute mit ihrer einfühlenden Art durch Singen: Alte Volkslieder, Schlager, Soldatenlieder aus der Jugendzeit der Senioren konnten selbst Bewohner mit Demenz wieder beleben.

Anita schreibt dazu:

Wenn die Seele singt

Meine Erinnerungen an das Singen gehen sehr weit zurück, nämlich bis in meine frühe Kindheit. Ich muss wohl etwa vier Jahre alt gewesen sein, als meine Mutter in unserer Wohnung oftmals Lieder von Franz Schubert sang. Die Texte verstand ich natürlich noch nicht, aber der liebliche Gesang meiner Mutter verbreitete eine so fröhliche behagliche Atmosphäre, in der ich mich als kleines Mädchen schmetterlingsleicht fühlte. Und einmal in der Woche besuchte ich einen Kindertanzkreis, in dem alle Kinder gemeinsam zum Tanzen kleine Lieder sangen. Später war in der Schule das Singen eines meiner Lieblingsfächer. Vor allem war ich auch im Kinderkirchenchor eine begeisterte Sängerin. Mit meinen älteren Brüdern habe ich häufig abends, wenn wir schon in unseren Betten lagen, aber noch zu wach zum Schlafen waren, stundenlang zünftige Wander- und Volkslieder gesungen. Diese Stunden waren bunt und fröhlich, sie verbanden uns noch dichter miteinander. In der Weihnachtszeit wurde in unserer Familie besonders viel und gerne gesungen. Wir kannten auch fast alle Strophen von vielen Weihnachtsliedern auswendig.

Einmal, als mein älterer Bruder in der Adventszeit nach Hause kam, saß ich im Dunkeln ganz dicht auf einem Stuhl am warmen Küchenherd und sang allein Weihnachtslieder. Ich weiß noch heute, dass er zu mir sagte: „Wie schön gemütlich ist es, wenn du singst."

Als junge Mutter habe ich dann das Singen wieder besonders gepflegt, als ich meine drei Kinder großgezogen habe. Ein Gutenachtlied beschloss immer den Tag, aber beim Baden und Wickeln „badete" ich meine Kleinen förmlich auch in Liedern. Die schon etwas verstaubte selbst gebastelte Handpuppe, die noch heute auf dem Bücherbord ihren Platz hat, war einst ein Instrument voller lebendiger Musik mit Hilfe meiner Stimme. Vielleicht erlebt diese erinnerungsträchtige Puppe ja noch einmal eine klangvolle Zeit, wenn ich ein Enkelkind zu betreuen habe. Hinzu kommt, dass ich mir die vielen eintönigen Arbeiten im Haushalt durch allerlei Gesänge verschönt und damit erleichtert habe. Beim Blumengießen trällerte ich, mit der Gießkanne in der Hand, immer das kleine Lied: „Meine

Blümchen haben Durst..." Schon bald konnte der Älteste seinem neugeborenen Brüderchen ein Kinderliedchen singen und ihn damit manchmal so bei froher Stimmung halten, bis ich das Milchfläschchen fertig hatte. Inzwischen sind die Kinder längst erwachsen und alle fortgezogen. Doch das Singen habe ich deshalb zum Glück nicht verlernt. Jetzt fange ich den neuen Tag nach dem Frühstück immer mit zwei bis drei Liedern an. Das stärkt mich für das Tagewerk, lässt mich nachsinnen, wofür ich wohl zu danken Anlass habe. Und während der Autofahrten in den Urlaub oder zu kleineren Ausflugszielen unterwegs unterhalte ich meinen Mann und mich hingebungsvoll mit lustigen Wander- und Volksliedern, die ich immer noch textsicher schmettern kann. Jedoch seit über sieben Jahren habe ich eine neue, besonders schöne Erfahrung mit dem Singen gemacht, die mich allwöchentlich immer wieder so beeindruckt, dass ich sie mitteilen möchte. Also ich fahre jede Woche für einen Nachmittag in ein Senioren- und Pflegeheim, um mich dort um die hoch betagten Menschen intensiv therapeutisch zu kümmern. Vorausschickend muss ich erwähnen, dass ich zu allen alten Menschen dort im Heim ein sehr herzliches Verhältnis aufgebaut habe und auch pflege. Nachdem ich jeden einzelnen begrüße und nach seinem Befinden frage, beginnen wir unsere gemeinsamen Aktivitäten mit leichter Gymnastik meistens nach Walzermusik von der Kassette. So lockern wir fast spielerisch unseren Körper und befreien die manchmal schon steifen Glieder aus ihren Ketten. Danach tragen wir alle bei einem fröhlichen Wörterspiel unsere geistigen Einfälle zusammen. Doch ein paar der lieben Alten aus unserem Kreise können, durch die Alzheimer-Krankheit bedingt, nicht mehr bei diesem geistigen Training mitmachen. Aber wenn ich dann zu Beginn des dritten Teils unseres Nachmittags ein bekanntes Lied anstimme und meine Augen dabei in die Runde schauen, erblicken sie zu meinem großen Erstaunen, dass tatsächlich während des Singens ein Wunder mit den Erkrankten geschehen sein muss, denn sie können plötzlich eine Strophe nach der anderen mitsingen. Ihr Langzeitgedächtnis funktioniert noch im wahrsten Sinne des Wortes wunderbar. Die Menschen, die mir nicht einmal mehr sagen können, was für ein Wochentag heute ist, singen eine halbe Stunde lang auswendig aus ihrem Gedächtnis die schönen Volkslieder, die sie gewiss früher einmal in der Schule gelernt haben. Und wenn ich dann in diese Gesichter schaue, sehe ich, wie das Verkrampfte dem Entspannten Platz macht, ja wie Leben und Glanz sich in den sonst trüben Augen wieder ausbreitet. Einmal kam unangemeldet ein Sohn einer alten Dame mitten in unsere „Singerei" hinein. Die Mutter hatte ihren Besuch gar nicht gesehen, und staunend blieb der Sohn im Türrahmen stehen, eben weil er gar nicht wusste, dass seine an Alzheimer-Krankheit leidende Mutter überhaupt noch singen konnte. Dieser Sohn störte uns überhaupt nicht; während wir nach individuellen Wünschen ein Lied nach dem anderen sangen, lauschte er aufmerksam unseren Stimmen. Ich sehe ihn noch heute dort an der Tür stehen, aber vor allem werde ich sein glückliches Gesicht nicht vergessen. Vielleicht hat er einen neuen Zugang zur „singenden Seele" seiner erkrankten Mutter wiedergefunden. Und ich merke immer wieder in diesem Kreis, dass unser gemeinsames Liedersingen uns verbindet, auch da, wo wir uns im Miteinanderauskommen vielleicht entzweit haben, und es wärmt, wie eine große Familie es kann, und schützt uns vor trüben Gedanken. Häufig wird von einem der Anwesenden das Lied: „Großer Gott, wir loben dich..." vorgeschlagen. Trotz aller Altersschwächen und Gebrechen singen wir ein gemeinsames Gotteslob. Es kommt natürlich vor, dass jemand mal von der Melodie etwas abweicht, aber das stört das fröhliche Miteinander nicht, Hauptsache, die Töne kommen von Herzen. Obwohl ich nicht gelernt habe, ein Instrument zu spielen, trage ich doch ein von Gott geschenktes Instrument immer in mir, als kostbare Gabe, für die ich sehr dankbar bin: meine gesunde Stimme; sie ist eine herrliche Freudenquelle für mich und andere, die mir jederzeit zur Verfügung steht.

Anita beschreibt einen Therapie-Nachmittag mit den Senioren im Heim:

Wir kramen in der Erinnerungstruhe

Zuerst singen wir das Lied von der Vogelhochzeit, und ich staune, wie viele der anwesenden alten Damen und Herren noch fast alle Strophen auswendig können. Ich schiebe ganz bewusst eine unsichtbare große Truhe in den Raum. Diese Truhe ist randvoll mit kostbaren herrlichen Erinnerungen gefüllt. Ich bin nur beim Öffnen des offenbar schweren Deckels etwas behilflich.

In unserer trauten Runde sitzen wir wöchentlich einmal einen Nachmittag lang zusammen. Ganz spontan werfe ich das Wort „Hochzeit" schwungvoll in den Raum und frage alle Anwesenden, was ihnen zu diesem Begriff einfällt.

Da wird es auch schon erfrischend lebendig. In den meisten Gesichtern lockern sich die strengen Züge, Augen fangen an zu strahlen, ein Schmunzeln setzt sich freudig in so manchen Mundwinkel. Aus unserer Erinnerungstruhe steigen auf: Hochzeitskutsche, Hochzeitsmahl, Trauzeugen, Gäste, Geschenke, Ringe, Brautstrauß,

Myrtenstrauß und Kränzchen, Schleier und Brautkleid, Festrede, Standesamt und Kirche, Liebe und Zuneigung.

Dann bücken wir uns etwas tiefer über die Truhe und falten jedes Brautkleid einzeln sorgfältig auseinander: Wir sehen weiße Traumkleider aus reiner Seide, Spitze, Baumwolle, Satin und Tüll. Mir ist's, als schlüpfe jede der alten Damen noch einmal für ein paar Minuten der Glückseligkeit in ihr Brautkleid. Und ich erfahre sehr viel über die verschiedensten und vielfältigsten Macharten, über das schönste Kleid im Leben einer jeden Frau. Ein alter Herr erinnert sich noch lachend, dass er damals vor über 60 Jahren den Brautstrauß vergessen hatte. In unserer Kiste sind also noch duftende Brautsträuße versteckt: Weiße Nelken, rote Rosen und Maiglöckchen kommen da zum Vorschein.

Ganz behutsam stellen wir uns die Sträuße auf unsere Tische, damit auch nichts verloren geht von diesen herrlichen Erinnerungen. Bunte Farben breiten sich aus, Düfte steigen auf, Freude sprießt aus allen Augen und Herzen. Wohlig warm und gemütlich ist es im Raum. – Auf meinem Heimweg etwas später kommt mir ein Satz in meinen Sinn, den ich vor längerer Zeit irgendwo gelesen habe: „Gott schenkt uns Erinnerungen, damit wir Rosen im Winter haben."

Nicht nur der Ehemann, auch die jüngste Tochter, litt unter Anitas Krankheiten.

Irgendwann wollte die Jüngste sich dann von den Eltern abnabeln und suchte sich eine eigene Wohnung.

Anita formulierte:

Danke, meine Jüngste

Nun bist auch du ausgezogen. Ja, es ist an der Zeit, du bist erwachsen und möchtest dich noch mehr loslösen von deinen Eltern. Deine Geschwister sind schon lange selbständig und fortgezogen. Doch du hast unser gemeinsames Nest immer noch mit deinen jugendlichen fröhlichen Federn gewärmt. Schon frühzeitig habe ich dich zu großer Eigenständigkeit erzogen, und plötzlich wundere ich mich, dass du so gut alleine fliegen kannst. Mein Verstand kann das sehr gut nachvollziehen, dennoch schmerzt es meine Seele. Es ist wie ein kleiner Abschied, diese räumliche Trennung, und Abschied nehmen tut auch immer wieder weh. Ich habe in meinem Leben das Hergeben vielleicht nicht oft genug als etwas Selbstverständliches angesehen. Je mehr ich mich aber bewusst im Loslassen übe, und das muss ich wohl noch oft tun, sehe ich diesen Abschied aus einer ganz neuen Perspektive, die mir keinen Grund zum Traurigsein lässt. Wie eine Beschenkte sehe ich mich dann und blicke dankbar auf die gemeinsame Zeit von über neunzehn Jahren zurück. Du hast mein Leben reich gemacht. Zuerst schaue ich zurück auf den glücklichen Augenblick deiner Geburt, als ich dich gesund in meine Arme schließen konnte. „Wir danken Gott für das gesunde Kind" habe ich im Wochenbett sitzend, auf jede Karte geschrieben, die wir anlässlich deiner Geburt verschickt haben. Dass du ein Wunschkind bist, das habe ich dir ja schon öfter erzählt. Außer der Mühe, die ein so kleines Kind ja auch macht, überwiegt aber bei weitem die Freude, mit der du mich all die vielen Jahre beschenkt hast. Sorgen um dich hatte ich nur, wenn du krank warst. Dann brauchtest du meine Nähe intensiv, und ich habe sie dir ganz natürlich gegeben. In den letzten Jahren jedoch, seit ich erkrankt bin, habe ich so viel Zuwendung von dir bekommen. Ich denke da an einen besonders schönen Spätsommertag. Du hattest mich vom Arzt abgeholt, und wir suchten gemeinsam für dich eine Winterjacke und für mich einen Mantel aus. Danach saßen wir unter den Arkaden und unterhielten uns einfühlsam bei einem kleinen Mittagessen. Oder du hast mich schon beim morgendlichen Frühstück liebevoll aufgemuntert, wenn ich deprimiert war. Gewiss werde ich die Augenblicke, die wie wärmende Sonnenstrahlen auf mich gewirkt haben, nicht vergessen, wenn du nach meinen Operationen gleich fürsorglich an meinem Bett warst, wenn ich aus der Narkose wieder mit der Wirklichkeit konfrontiert wurde. Besonders habe ich dich auch als Geschenk empfunden, wenn wir in den Urlaubswochen oftmals draußen miteinander Federball gespielt haben. Bei schlechterem Wetter saßen wir gemütlich über das Mühlespiel gebeugt, oder du hast mit meiner Hilfestellung schon Kuchen gebacken. Fällt mir nun gar nichts Negatives ein? Doch, aber was ist dagegen schon eine kleine nächtliche Störung, wenn du mit deinen Freunden ziemlich laut Geburtstag gefeiert hast. Oder du hast auch mal aus meinem Schrank eine Bluse „gemopst", die ich dir dann später geschenkt habe. Und manchmal nahm mein Parfüm so sehr schnell ab; dieses merkte ich erst an der Duftwolke, die den ganzen Korridor erfüllte. Meine Jüngste, du hinterlässt eine farbenfrohe leuchtende Spur in mir mit einzigartigen Mustern und wunderschönen Eindrücken. Einen erfüllten Abschnitt in meinem Leben kann ich loslassen, weil ich dankbar bin für den „reichen Sommer" der mir geschenkt wurde. So kann ich auch nach diesem einschneidenden Abschnitt wieder weiterwachsen, wahrscheinlich in eine ganz neue andere Richtung. Wir alle sind ja immer wieder in unserem Leben Veränderungen unterworfen, die wir bejahen sollten. Auch ich kann den Sommer nicht halten, Herbst ist schon eingezogen, der letzte reife Apfel hat sich vom Ast gelöst. Ich beuge mich dem Naturgesetz und laufe fröhlich singend durch den bunten Herbstwald mit offenen Sinnen für alle Eindrücke und habe viel Zeit zum Lauschen, Verweilen und Staunen. · Noch immer trage ich das grüne Kleid der Hoffnung, vielleicht ist ein neuer Glanz zu mir schon unterwegs.

Das Verhältnis der Eheleute wurde immer gespannter. Eines Tages zog Anitas Mann nach einer der immer häufiger werdenden Streitereien aus dem gemeinschaftlichen Schlafzimmer aus und zog zum Schlafen in eine kleine Kellerkammer außerhalb der Wohnung. Auch die älter werdenden Kinder wohnten in Zimmern außerhalb der Wohnung.

Die Eheleute hatten sich im Hinblick auf den in einigen Jahren zu erwartenden Ruhestand eine gebrauchte Eigentumswohnung am Stadtrand mit einem kleinen Eigenkapitalanteil und Krediten gekauft. Durch Vermietung war die Wohnung nach einigen Jahren schuldenfrei, und die Grundbuchbelastungen konnten gelöscht werden.

Anita hatte diesen Verträgen wohl zugestimmt und mit unterschrieben, opponierte ihrem Mann gegenüber später aber immer häufiger, er habe sie dazu überrumpelt: „Da ziehe ich ohnehin nie ein!" Später war sie glücklich, hier ein schönes eigenes Zuhause gefunden zu haben.

Wegen Anitas krankhafter Eifersucht wagte der Ehemann kaum noch, in ihrer Gegenwart einer anderen Frau in den Mantel zu helfen.

Anita fuhr mehrfach zu einem Klassentreffen ihrer früheren Mitschüler in die Stadt im Ruhrgebiet. Sie hatte in der frühen Jugend einmal ein freundschaftliches Verhältnis zu einem inzwischen verheirateten Schulklassenkameraden, den sie auch im fortgeschrittenen Alter noch immer attraktiv fand. Sehr oft telefonierte sie – auf Kosten des vom Ehemann verwalteten Hauses – lange mit ihm in seiner Dienststelle. Erst, als sie nebenbei in einem dieser Gespräche von diesem hörte: „Ich will aber selber entscheiden, welches Fleisch meine Frau mittags auf den Tisch bringt", wurde sie hellhörig.

Eifersucht, wie er sie als junger Ehemann noch kannte, hatte der Ehemann sich längst abgeschminkt.

Mit Rücksicht auf die Kinder, und weil seine an die Dienstwohnung gekoppelte Arbeit eine Trennung nicht zuließ, biss er die Zähne aufeinander und hielt weiter in der Hoffnung auf eine eventuelle Wende im kommenden Ruhestand an dieser Ehe fest.

Nach dem Umzug in die Ruhestandswohnung begab Anita sich bei einem Diplompsychologen in psychotherapeutische Behandlung, die dann als Paartherapie fortgesetzt wurde. Anita beschuldigte den Therapeuten mehrfach, Partei für den Ehemann zu ergreifen. Während einer Sitzung warf sie in einem Wutausbruch mit einem Wasserglas nach dem Mann. Dann bricht Anita die Therapie nach der 22. Sitzung ab: „Was bringt es mir, einmal die Woche die alte Scheiße aufzurühren. Jedes Mal ist der ganze Tag im Arsch. Hätte ich in der Zeit am Computer gesessen und geschrieben, ginge es mir besser." Auch der Ehemann ist nicht sicher, ob von einer Fortsetzung noch Besserung zu erwarten gewesen wäre. Bislang haben die 45-Minuten-Gespräche wenig erbracht, außer dass der Therapeut sein Geld bekam.

Während der Berufszeit und nach dem Ruhestand machten die Eheleute – zunächst mit Kindern – später zu zweit immer wieder gemeinsame Urlaubsreisen.

Im ersten Jahr des Ruhestandes ‚schenkte' Anita ihrem Mann die Freiheit zu einer längeren Radtour und einige Monate später zu einer weiteren Fahrt. Auch mit seiner alleinigen Reise zu einer Bergwandertour auf einer Baleareninsel war sie einverstanden. Aber sobald der Mann sie daheim telefonisch anrief, machte sie ihm schwere Vorwürfe oder erzählte, sie sei „schwer krank", er solle sofort heimkommen. Nach vorzeitigem Abbruch der Reise fand er Anita dann zu Hause gesund und munter vor.

Fast täglich hörte er von seiner Anita solche Liebeserklärungen:

„Idiot, seniler Greis, alter Ficker, Wichser, Ratte, alte Aidsratte, man sollte dir 'ne Stange Dynamit zwischen die Arschbacken klemmen! Proletengeschmeiß, du miese Ratte, du Dreckskerl, du Schlampe. Du seniler alter Opa gehörst ins Siechenheim. Du bist nicht wert, dass du überhaupt lebst. Dich hätte die Hebamme gleich nach der Geburt ersäufen

86

sollen. Gott sollte dich mal richtig bestrafen mit Krankheit, dass du leiden musst."

Anita forderte ihren Mann innerhalb einer Woche etwa ein Dutzend mal auf, aus der gemeinsamen Wohnung auszuziehen, sie halte ihn nicht, sei froh, wenn ich endlich gehen würde, damit sie zur Ruhe käme: „Hau doch endlich ab, ich kann nicht mehr mit dir zusammen leben" und richtete ihn mehrfach mit einem Kleiderbügel arg zu.

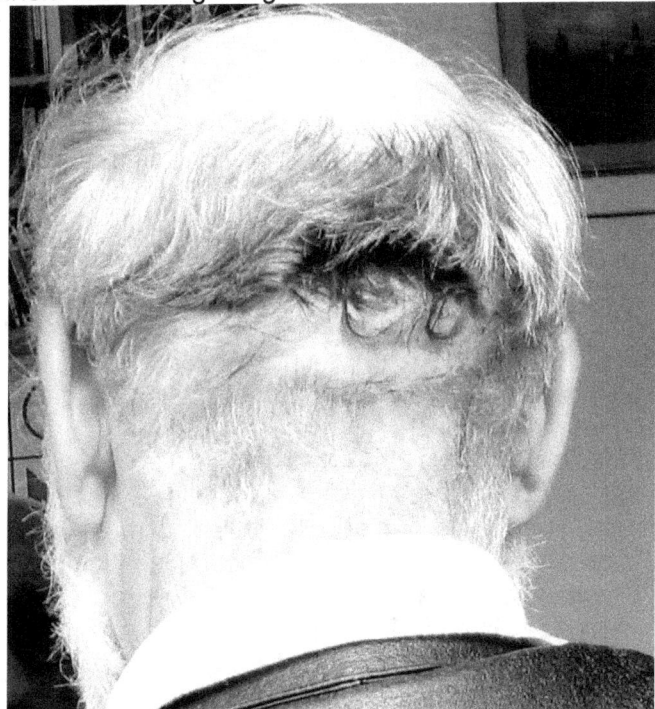

In Panik und ohne konkrete Planung zog der Ehemann die Konsequenzen und zog eines Tages tatsächlich aus. Das war natürlich nur bei Anitas Abwesenheit zu realisieren, denn sonst wäre es wieder zu Handgreiflichkeiten gekommen.

Anita setzte Gott und die Welt in Bewegung, um nach ihm zu fahnden. Überall, wo sie ihn vermutete, rief sie an.

Eines Tages kam es vorübergehend zu einer Aussöhnung und Rückkehr des Mannes. Aber der Friede hielt nicht lange. Dann hielt der Mann Ausschau nach einer alternativen Wohnmöglichkeit (Fluchtburg) möglichst in der Nähe und fand diese in einer Seniorenwohnanlage im selben Ortsteil. Er wollte möglichst in der Nähe bleiben, im Falle Anitas Erkrankung zur Stelle sein zu können. Eine fremde Frau spielte bei ihm nie eine Rolle, obwohl Anita das vermutete und allen ihren Freundinnen (sie hatte übrigens sehr selten Freundinnen am Ort – die zerbrachen fast immer schnell – eher Telefonbekanntschaften) deutschlandweit erzählte: „Er hat eine Mätresse" – oder gar mehrere.

Als sie dann die neue Adresse des Mannes herausgefunden hatte, tauchte sie dort immer wieder – auch nachts – auf und wollte ihn in Flagranti ertappen – was natürlich mangels Realität nicht klappte. Obwohl die Haustüren in dem Seniorenwohnheim verschlossen waren, fand sie – auch nachts – immer einen Weg, ins Haus zu kommen. Sie klingelte einfach irgendwo – und es wurde ihr geöffnet.

Ihre Eifersuchtsneurose gebiert solche Formulierungen: „Du guckst nur nach andern Weibern. Du treibst es in deinem Bordell (gemeint ist die Dachkammer-Fluchtburg des Mannes – Sprüche Salomos 25, 24: Es ist besser, im Winkel auf dem Dach sitzen denn bei einem zänkischen Weibe in einem Haus beisammen) mit deinen Mätressen." Als der Ehemann zur Beisetzung eines guten Freundes in Westfalen die Hin- und Rückreise auf zwei Tage verteilte und eine Nacht im Hotel verbrachte, konnte sie nur daran denken, er hätte eine Mätresse mitgenommen und sich eine schöne Nacht gemacht.

Der Ehemann unternahm in der Zeit des getrennten Lebens mehrere eigene Reisen. Einmal flog er für etwa zwei Wochen nach Kanada zu einem jüngeren Kollegen mit einer psychotherapeutischen Zusatzausbildung, den er zwar persönlich nie kennen gelernt hatte, mit dem er sich aber per elektronischer Post über mehrere Monate über seine Probleme ausgetauscht hatte. Der hatte ihn eingeladen, ihn auf seiner Farm nördlich von Toronto zu besuchen. Anita hatte davon erfahren, die Telefonnummer des Kollegen herausgefunden und rief dort ständig an, bis der kanadische Gastgeber ihr deutlich seine Meinung sagte.

Nach etwa einem Jahr getrennten Lebens machte der Ehemann einen Versuch einer neuen Annäherung. Beide fuhren gemeinsam ins Ausland in Urlaub.

Anita schreibt darüber:

Ferieninsel

Im Inselhafen landet unsere Fähre. Wir haben drei Wochen Zeit, um die Sonneninsel in der Ostsee zu entdecken. Das Eiland, das mitten in der Ostsee festen Boden unter den Füßen bietet, liegt näher bei Schweden, Deutschland und Polen als beim Mutterland Dänemark. Als Neuankömmling fällt mir vom Auto aus gleich auf, dass wir hier Anfang Juni mit dem zweiten Frühling beschenkt werden. Denn im Norden Deutschlands waren die prachtvollen Tulpen, Narzissen und auch der Flieder schon verblüht. Durch das heruntergekurbelte Autofenster beglückt mich der berauschend schwere Duft der blühenden Rapsfelder. Schon tanzen meine Augen über die sonnengelben Teppiche. Südöstlich finden wir zunächst den kleinen Badeort Balka, der – eingebettet in kleine Kiefernwäldchen und hinter Dünen – viel Ruhe, besonders in der Vorsaison, verspricht.

Erwartungsvoll nehmen wir unser gemietetes Ferienhäuschen ganz für uns in Beschlag. Ein ockergelb gestrichener Bungalow hockt majestätisch in der Mitte des großen Waldgrundstückes. Zwölf blank geputzte Fenster geben der Sonne genug Möglichkeiten, in die gemütlichen Räume zu schauen. Gepflegte antike Möbelstücke schaffen eine Atmosphäre, in der wir uns wohl fühlen. Zahlreiche Kerzenleuchter kommen zur vollen Geltung, wenn die Sonne nicht scheinen mag. Unser erstes Frühstück können wir auf der ruhigen Terrasse, von lieblichem Vogelgesang begleitet, genießen. Gut gestärkt steigen wir auf unseren treuen langen Drahtesel, auf dem zwei Personen gleichzeitig strampeln können. Zuerst locken uns die Ziegelpyramiden der Räucheröfen in dem kleinen Fischerboothafen an, die einen unverkennbaren Duft von Räucherfisch in der Umgebung verbreiten. Hier kamen einst die Fischer auf die Idee, den Silberschatz der Ostsee im Erlenholz- und Buchenholzrauch zum goldenen Bückling zu wandeln. Diese frisch geräucherten Ostseeheringe sind eine besondere Delikatesse für Fischgenießer. Fliederbüsche verströmen in den gepflegten Vorgärten ihren schweren Duft. Zahlreiche Ferienhäuser und schicke Hotels mit direktem Zugang zu den schönsten Inselstränden liegen in lockerer Folge in Balka-Strand.

Jeder Tag schenkt uns wieder hautnahe neue Einblicke in unser Ferienparadies. Wir lenken unseren rollenden Untersatz zum bedeutendsten Fischereihafen der Ostsee, dem kleinen Nachbarörtchen. Farbig angestrichene Fischkutter schlafen festgemacht am Kai. Aber auch bunt beflaggte Segelboote träumen schon von ihrer nächsten Fahrt. Schrill schreiende Möwen kreisen über den frischen Fischresten, die sich im Schleppnetz verfangen haben. Hier können die weißen Küstenvögel sich geruhsam satt fressen. Der Ernteduft der Ostsee durchflutet das gesamte Hafengebiet mit seinem unverkennbaren Fischgeruch. Die kleinen gepflegten Restaurants verführen den Gast natürlich vorwiegend mit fangfrischem Fisch, der in den pikantesten Variationen mit Liebe zubereitet wird. Ja, der weiße Ostseelachs ist ein unvergesslicher Gaumenschmaus, auf den die Inselbewohner auch zu Recht stolz sind. Abends lassen wir den Spätfrühlingstag auf unserer Terrasse, die von der untergehenden Sonne zart geküsst wird, mit einem Lesevergnügen ausklingen. Beschützt unter dem hohen blauen Himmelszelt, schlafe ich ein.

Ein neuer Tag bringt auch wieder den Wunsch mit, etwas Neues zu entdecken. Wir fahren ausnahmsweise ein paar Kilometer mit dem Auto gen Norden über unsere Urlaubsinsel, weil wir noch niemals eine Rundkirche besichtigt haben. Die vier Rundkirchen dieser Insel waren einstmals wehrhafte Zufluchtsorte. Nykirke ist die kleinste Rundkirche, die wir uns angeschaut haben, aber sehr charakteristisch. Sie steht unweit unseres Ankunftshafens und strahlt in ihrem weißen Kleid, lädt den Besucher zum Einkehren, zum Innehalten, zum stillen Gebet ein. Im Inselhafen schlendern wir noch gemütlich durch die schöne Altstadt, erfreuen uns an den farbenfrohen geduckten Häusern, die eine verzaubernde Wirkung auf mich ausüben, weil Stockrosen in verschiedenen Rottönen ihre wagemutigen Kletterkünste an den Fassaden beweisen. Reich beschenkt fahren wir in unser idyllisches Feriendomizil zurück.

Svaneke, an der Nordostecke der Insel, steht ganz unter Denkmalschutz. Wenn man geduldig sucht, findet man in dieser kleinen Ortschaft mediterrane Pflanzen wie Feigen- und Maulbeerbäume. Das ist nicht verwunderlich, weil dort an der Ostküste die Sonne auch zuerst aufgeht. Meine Augen sehen sich außerdem an Feldmohn und weiten lieblich duftenden Lavendelfeldern satt.

Am darauffolgenden Tag tanzen meine wachen Augen über eine bunt blühende Sommerwiese. Weiter führt uns unser Ausflug zu der höher gelegenen Waldlandschaft Paradisbakkerne. Streckenweise müssen wir unseren treuen Drahtesel bergauf schieben. Oben angekommen, werden wir mit blühendem Ginster belohnt. Aber diese Tour ist mit dem Fahrrad für ältere Leute nicht empfehlenswert. Darum ruhen wir uns auch am Nachmittag genüsslich auf unserer stillen Terrasse von diesen ungewohnten körperlichen Anstrengungen aus.

Ein gelber Fachwerkhof mit Reetdächern, wie er typisch für das Inselinnere ist, beglückt uns in Melstedgarden. Vor allem Städter suchen unter einem dicken Röhrichtdach wärmende Geborgenheit. Auch wenn manchmal Ostwinde vom Meer heranfegen, sind wir immer unterwegs. Die frische Brise und das Strampeln auf dem Tandem sorgen stets wieder für einen gesegneten Appetit. An einem Regentag fahren wir noch einmal in die kleine Ortschaft mit dem Fischereihafen. Dort bestaunen wir ein kleines Museum, in dem ich ein Taschenbuch von Martin Andersen mit seinen Novellen erstehe. So sind auch die wenigen Regenstunden mit dieser Lektüre, die vom Lebensstrudel der Bauern und Fischer auf der Insel um die Jahrhundertwende erzählt, gut ausgefüllt. Direkt am Strand von Sandvig lockt an kühlen Tagen ein geheiztes Meerwasserbad. Angler versuchen scharenweise von der Hammerrodde ihr Petri-Heil. Und an der Insel-„Riviera" gibt es sowohl Nobel-Hotels wie auch Campingplätze.

Schwer fällt mir der Abschied von dieser nordischen Schönheit, die so reich an Kontrasten ist: Granitformationen an der Nord- und Westküste, die sehenswerten Rundkirchen, weißer Ostseestrand im Südosten, die Weite des Meeres, die hügeligen großen gelben Rapsfelder, der unverkennbare frische Fischduft, den ich so gerne in meiner Nase habe, die segelnden Möwen über dem Hafen und der fischreichen Ostsee, die wohltuende Ruhe und Beschaulichkeit in den bunten Straßen der kleinen Ortschaften mit ihren verschiedenen Charakteren, die auch nach einem dreiwöchigen Aufenthalt nichts von ihrer Anziehungskraft verloren haben.

Monate später erinnere ich mich und träume mich zurück, wieder zurück in die idyllische Vielfalt dieser bezaubernden Ferieninsel. Welch ein kostbares Geschenk birgt diese lebendige bunte Erinnerung.

Es gab längere Zeiten, in denen der Ehemann nur die Nächte in seiner Fluchtburg, die Tage aber in der gemeinsamen Eigentumswohnung verbrachten.

Der Ehemann notiert:

„Wochenlang lief es ganz erträglich. Lag es an ihrem relativ friedlichen Verhalten? Braucht sie unbedingt ein gewisses Maß an aggressiver Entladung? Nach zwei Jahren tauchte Anita jetzt jedenfalls wieder in eine massive Depression ein. Es begann damit, dass sie wortwörtlichem Sinne ‚Schiss' bekam, mehrmals bis oftmals am Tag zur Toilette musste. Zunächst schoben wir es auf die Dickdarmverkürzung durch die Divertikel-Operation. Seit etwa zehn Tagen schluckt sie wieder Antidepressiva mit allen Nebenwirkungen. Aber ohnedem geht es gar nicht. Vielleicht war der Auslöser auch die ungeschickte Äußerung eines Orthopäden, der meinte, mit ihrem Brustkrebs müsse sie ja mit einer Zeitbombe leben. Diese Bemerkung hat sie sehr beschäftigt. Jedenfalls ist sie jetzt wieder total am Boden zerstört und durch nichts aufzubauen."

Der Ehemann notiert:

„Seit einiger Zeit keine depressiven Stimmungen mehr, dafür voll in der manisch-aggressiven Phase. Überaus empfindlich und sehr vulgär-aggressiv. Beschimpfungen: „Du Fettwanst mit deiner Plauze. Du Fickrohr. Du Wichser. Du Fotze. Du Arsch. Du Affe. Deine Mutter, die Schlampe. Gott möge dich mit Krankheit strafen! Pack deine Sachen und hau ab!"

Nur nicht aus der Ruhe bringen lassen!

Ich ertrage es nur mit unendlicher Geduld und stoischer Ruhe, indem ich nichts an mich herankommen lasse."

Bei geringfügigen Anlässen schlägt sie um sich, tritt und spuckt mich an. Wenn ich sie abwehre, ihren Arm festhalte oder auch mal ostentativ oder demonstrativ zurücklange, war ich es, der ihr blaue Flecken zufügte, Hämatome, die sie ihrem Arzt vorweisen werde. Wenn kein akuter Anlass, kramt sie in vergangenen Jahrzehnten herum und hält mir alte Sünden vor."

Schon in ihrer Kindheit war den Brüdern gegenüber eine ihrer Drohungen: „Wart' ab – heute Abend – Papa!" Der Vater würde dann seines Amtes walten und die Brüder nach seiner

Heimkehr abends für ihre Frechheiten der kleinen Schwester gegenüber bestrafen. So war dann Anitas Gottesbild stark an diesem Vaterbild orientiert. Zwar beschützt sie der liebe Gott, aber er ist auch der Strafende. Teilnahme an Gottesdiensten oder anderen kirchlichen Veranstaltungen mied sie – wie überhaupt alle Menschenansammlungen. Gerne ging sie allerdings alleine zum stillen Gebet in die Kirche, um dort eine Kerze anzuzünden.

Dazu wieder ein Text von ihr:

Eine Begegnung in der Kirche

Leider kann ich aus gesundheitlichen Gründen nicht mehr an einem normalen Gottesdienst teilnehmen. Aber ich habe das große Glück, dass unsere kleine Kirche jeden Tag von morgens um neun bis abends achtzehn Uhr für alle, die Stille suchen, geöffnet ist. Ohne jede Aufsicht können die Menschen in der schlichten Kirche Ruhe und Andacht finden. Ein pyramidenförmiger metallener schwarzer Leuchter an der weißen Wand nimmt gerne 30 Gebetslichter auf. Fast jeden Tag sehne ich mich danach, in diesem Gotteshaus ein oder auch mehrere Lichter anzuzünden und mit Gott zu sprechen. Immer stehen der Jahreszeit entsprechend frische Blumen auf dem Altar. Heute erfreut mich wieder ein neuer bunter Blumenstrauß.

Meine stillen flehenden Gebete schicke ich mit dem Blick auf das hölzerne Kreuz zu Gott und auch zu Jesus Christus. Danach schweifen meine wachen traurigen Augen suchend in der Kirche umher. Eine Frau steht andächtig vor den beiden Stufen des Altars. Ich sehe, dass sie jünger ist als ich. Meine hungernde Seele treibt mich dazu, meine Schritte vorsichtig auf die fremde Frau zu lenken. Wir schauen uns an, und ich sage mutig: „Würden Sie mich bitte in den Arm nehmen? Mir geht es so schlecht." Die fremde Frau antwortet nicht. Aber sie bleibt ganz in meiner Nähe. Dann frage ich: „Darf ich Sie denn in meine Arme schließen?" Und meine Ohren vernehmen ein „Ja". Diese enge herzliche Umarmung mit einem Streicheln über unsere Rücken genieße ich als ein wunderbares Geschenk. Dann frage ich diese Frau im warmen Mantel: „War es jetzt für uns beide eine herzliche Stärkung und auch schön?" – „Ja, es war auch für mich sehr schön. Meine Mutter ist erst kürzlich verstorben, und auch das ist schwer." Im milden Schein der etwa 20 leuchtenden Gebetslichter nehmen wir beiden Frauen uns noch einmal fest in die Arme. Beim Abschied, mit einem warmen Händedruck verknüpft, sage ich noch: „Man darf sich auch in der Kirche in die Arme nehmen." Und ich denke dabei, dass Gott sich gewiss über diese wunderbare Nächstenliebe mitfreut. Auf der Straße sehe ich noch aus der Entfernung die Frau, die mir jetzt nicht mehr fremd ist, wie sie auf ihrem Fahrrad entschwindet. Ich denke auf meinem Heimweg: „Wenn wir Menschen doch mutiger wären, dann könnte der Fremde zum Nächsten werden und wir uns gegenseitig öfter mit Liebe, Verständnis und Wärme beschenken."

Bei einer Darmspiegelung wurde festgestellt, dass Anita an Divertikeln im Dickdarm litt. Zur Sicherheit ließ sie sich ein riskantes Stück dieses Darms durch einen darauf spezialisierten Chirurgen in einem etwa 20 km entfernen Krankenhaus herausschneiden. Daraus wurde ein etliche Wochen dauerndes riskantes Unternehmen. Zeitweilig war sie auf der Intensivstation. Der Ehemann besuchte sie fast täglich und fuhr sie auch zu den immer wieder nötig werdenden Nachbehandlungen.

Der Ehemann notiert:

„Ich könnte ja stolz sein, dass sie mir die Potenz zutraut, in meinem Alter von 72 Lenzen gleich mehrere ‚Mätressen' zufrieden zu stellen. Zuletzt behauptete sie, mich nachts um 4 Uhr dabei ertappt zu haben, voll angekleidet die Wohnung verlassen zu wollen. Als sie mich dabei ‚erwischt' habe, hätte ich mich wieder in mein Zimmer zurückgezogen. Nichts ist daran real.

Ich fühle mich als Reflektionsfläche für die Vergehen ihres Vaters, der ihre Mutter immer wieder mit anderen Frauen, sogar mit der Schwester der Mutter betrogen hat. Aber damit muss ich schon lange leben.

Ich habe es in Kauf genommen, dass ich fast wie ein Gefangener gehalten wurde, dass sie mich in der Wohnung eingeschlossen hat, dass ich keinen Gang mehr ohne ihre Kontrolle außerhalb der Wohnung machen durfte. Ich bin schon lange nicht mehr zum Schwimmen oder in die Sauna gegangen, nicht einmal mehr zum Sonntagsgottesdienst, nur um Streit zu vermeiden.

In letzter Zeit hat sie mich sogar bei Autofahrten in die Innenstadt (z. B. zur Autowerkstatt oder zu Besorgungen) begleitet, obwohl sie solche Fahrten bislang hasste, alles aus Angst, ich könne mich mit jemandem ohne ihre Kontrolle treffen. Oft fühle ich mich wie ein Kettenhund. Und dabei habe ich mich doch selber wieder freiwillig in diese Abhängigkeit begeben, verfüge ich doch über eine eigene kleine Wohnung (meine Fluchtburg)."

Der Ehemann notiert:

„Ständig wechselnde Stimmungen und immer wieder Überraschungen. Drei Monate steckte meine Anita wieder in einer tiefen Depression. Depressionen sind ja Aggressionen gegen sich selbst. Langsam kommen nun die Lebensgeister (und damit auch die aggressiven Stimmungen) wieder. Die Stimmung schwankt jedoch von Tag zu Tag. Heute fand ich einen Zettel mit folgendem Text: ‚Lieber Walter, von ganzem Herzen Dank, dass du mich so treu um mich kümmerst! Anita"

Der Ehemann notiert wieder:

„Jeden dritten oder vierten Tag packe ich innerlich oder tatsächlich meine Sache für eine neue ‚Flucht' vor dieser Situation. Dann plötzlich wieder ein Umschwung zum ‚sanften Engel' – heiß-kalte Wechselbäder – das ist mein Leben.

Weiterhin fast täglich wechselnde Saunabäder: Gestern ‚sanfter Engel'. Heute aggressiv zankende Giftspritze: Warum ich gestern so lange bei offener Haustür auf sie gewartet hätte, doch nicht wohl nur, um zu schauen, ob es regne. Nein ich hätte unten heimlich telefoniert, weil ich das oben in der Wohnung nicht ohne Kontrolle könne. Und neulich habe ich mich auch heimlich in der Stadt mit jemandem treffen wollen. Und ich sehe jedem Weiberarsch nach. Und immer noch treibe ich es mit der jungen Serviererin im Restaurant… und meine Mätressen… Erklärung für den nächtlichen Stimmungsumschwung: Sie hatte heute früh einen Alptraum: Ihre Brüder standen vor der Wohnungstür, und der Ältere wollte sogar noch länger bleiben."

Der Ehemann notiert:

„Nun, nach wie vor Saunawechselbäder zwischen heiß und kalt. Ich habe einige Tage die liebste Frau, und alles läuft harmonisch. – Dann, plötzlich aus heiterem Himmel (etwa nach schlechtem Schlaf) ist sie unausstehlich launisch. Ich stecke dann die ordinärsten Beschimpfungen ein (wobei ‚altes Arschloch' noch recht harmlos klingt), muss plötzliche Faust-

95

schläge und Fußtritte einstecken, soll wieder ausziehen (Versuche werden dann dadurch vereitelt, dass ich eingeschlossen werde). Und dann – wieder plötzlich aus düsterem Himmel – ist wieder alles vergessen. Dann ist das ‚alte Arschloch' wieder das ‚liebe Walterchen'. Dass ich im akuten Fall daran denke (oder es auch zwischendurch praktiziere), mich aus dem goldenen Käfig wieder in meine Fluchtburg ‚Dachkämmerchen' zurückzuziehen, ist doch verständlich? Ich überstehe diese Wechselbäder weiterhin nur durch stoische Übungen und lasse möglichst wenig an mich herankommen. Dabei hilft mir die Arbeitstherapie enorm. Bin selber gespannt, wie lange das gut geht."

Der Ehemann notiert:

„Hatte heute das Glück, mit meinem Engelchen eine Tagesfahrt in die Heide zu unternehmen und einen harmonischen Tag zu erleben. Nach fast einem Jahr nutzte ich mal wieder meinen extra für solche Zwecke gekauften Autoanhänger zum Transport des Tandems. Das frühere Hinaufwuchten aufs Autodach ist dadurch vermeidbar. Am Vormittag gegen 10:30 h starteten wir und waren eine Stunde später in Döhle, wo wir den letzten Parkplatz für Pkw mit Hänger fanden. Nach der Einkehr zu Haidschnuckengulasch ging's aufs Tandem in Richtung Wilsede, von dort fast bis nach Oberhaverbek, dann zum Totengrund, wieder nach Wilsede zur Kaffeeeinkehr und danach zurück nach Döhle: fast 19 km, ähnlich sonstiger Tagesleistung, aber doch mal in ganz anderer Landschaft. Es geht also auch harmonisch und ohne Zoff!"

Anita schreibt:

Heide
Abendsonne spielt
im Geäst der Birke.
Violettfarbener Heidekraut-Teppich
breitet sich vor meinen Augen aus,
durchsummt von Bienen emsig.
Kleiner bunter Schmetterling
tanzt verzaubert
durch die warme Abendluft.
Wacholder stehen,

96

Wächtern gleich,
treu auf ihrem Posten.

Ein Schäfer zieht
mit seiner Heidschnuckenherde
langsam vorüber.
Einzigartige Landschaft
voll Stille und Harmonie.
Und ich nehme etwas
von dieser Gelassenheit
mit in die laute große Stadt.

Der Ehemann notiert:

„Zurzeit bin ich ‚glücklicher Strohwittwer', nachdem Anita mal wieder Sehnsucht nach einem Krankenhausbett hatte: Nichts Ernsthaftes. Sie meint, an einem Magenproblem zu leiden und unbedingt eine Magenspiegelung haben zu müssen, den Termin in einer ambulanten Praxis nicht abwarten zu können. Ich habe ihr gesagt: Lass Deine Neurosen behandeln, dann verschwinden auch Deine Symptome! Es musste ja auch unbedingt das ihr von der letzten Operation bekannte Hospital sein, denn in der nahen Klinik kennt man sie schon. Na ja, sie muss selber ihre Erfahrungen machen, denn dort hat man ihr auch nicht gleich den roten Teppich ausgerollt. Kürzlich musste sie unbedingt in die Notfallambulanz der Universitätskrankenhauses. Total desillusioniert kam sie abends zurück."

Später schlief der Ehemann wieder in der gemeinsamen Wohnung, behielt die Zweitwohnung nur noch als Sicherheit.

Das Ehepaar machte immer mal wieder gemeinsame Reisen, vor allem an die Nordsee nach St.Peter-Ording, wohin seit Jahrzehnten Bindungen bestanden.

Anita schreibt:

Sommerabend in den Dünen
Auf Heide, Wald und Sand
liegt noch die warme Sonne spät,
duftet das Heu auf der Wiese,
jubiliert die Lerche in der Luft.
Verzauberter Sommer-Sonnen-Abend
breitet violetten seine Arme aus.
Gleich fällt Mutter Sonne blutrot und rund,
färbt malerisch zart das Abendrot.
Erde dampft,
gibt Wärme des Tages zurück.

Elfen huschen schnell und leise,
legen sanft weiße Nebelschleier
über bunte Sommerwiesen,
hüllen zart
alle Fülle,
jeglichen Duft ein,
decken den Tag liebevoll zu.

Anita schreibt über einen solchen Urlaub:

Eine Winterreise zur Weihnachtszeit

Wir hatten uns einen Weihnachtswunsch erfüllt. Geduldig mussten wir auf die kleine Reise warten, weil ich im Sommer eine große Operation zu verkraften hatte. Aber durch die schönen Tandemfahrten in Gottes wunderbarer Natur, die wir dankbar genossen hatten, wurde ich wieder belastbarer. So konnten wir wenigstens 140 km bis an die erfrischende Nordseeküste fahren.

Zur Begrüßung fegte ein starker Nordwestwind über die Halbinsel Eiderstedt. Und es regnete in Strömen. Wir hatten uns in einem sehr gemütlichen Hotel eingemietet. Die großzügige Ferienwohnung hoch oben unter dem schützenden Dach kannten wir schon aus früheren Urlauben. Nachdem ich die Tür zu unserem Ferienreich aufgeschlossen hatte und ins Wohnzimmer trat, sahen meine Augen gleich den liebevollen weihnachtlichen Willkommensgruß auf dem schlichten braunen Holztisch. Frische duftende grüne Tannenzweige zu einem Kranz gebunden mit braunen Zapfen verziert und einer dicken weißen Kerze in der Mitte wärmten meine Seele. Auf einem bunten Weihnachtsteller lagen verschiedene helle und dunkle Kekse, die mich gleich zum Probieren verführten. „Lecker", sagte ich bei dem Genuss „und die sind gewiss vom Küchenchef selbstgebacken." Mein starker gesunder Mann schleppte die Koffer die Treppen hoch. Ich belohnte den Fleißigen mit einem mit Schokolade überzogenen Weihnachtsgebäck.

In den folgenden Tagen konnten wir uns leider nicht mit unserem mitgebrachten treuen Drahtesel an der frischen Meeresluft bewegen, weil der zugezogene graue Himmel alles, was er an Regenwasser in den Wolken gespeichert hatte, auf die Erde herunter goss. Mein Mann hatte sich vorsorglich sein liebstes ‚Spielzeug', seinen Laptop mitgebracht. Nun konnte er in aller Ruhe Manuskripte korrigieren. Und ich hatte mich schon in Hamburg reichlich mit neuen Büchern, die mich stark interessierten, versorgt. Welch ein bereichernder Lesegenuss war für mich das Buch ‚In der Mitte des Lebens', das die damalige Bischöfin von Niedersachsen und Ratsvorsitzende der EKD, Margot Kässmann, geschrieben hatte. Auf dem braunen runden Tisch standen die Teekanne, gut gefüllt mit aufmunterndem schwarzen Tee und das leckere Weihnachtsgebäck. So konnte ich viele Stunden frisch und interessiert weiterlesen. Diese außergewöhnliche ehrliche Frauenlektüre mit den verschiedenen und interessanten Themen hat mich begeistert. Darum möchte ich dieses hochwertige Buch, das im Herderverlag erschienen ist, auch an Frauen weiter empfehlen. Es lohnt sich wirklich!

Auf den gepflegten Etagen des Hotels sind schon seit Jahren große Glasvitrinen aufgestellt, in denen vorwiegend verlockende Töpferarbeiten zum Kaufen verführen. Meine Augen hatten sich ganz schnell in niedliche kleine weiße Schäfchen verliebt. Blitzschnell wollte ich die Treppen hinunter laufen, um die Hotelchefin zu bitten, die Glasvitrine aufzuschließen. Ich wollte spontan sieben der entzückenden Lämmchen kaufen. Mit meinem Wunschgedanken landete ich plötzlich sehr heftig mit einem lauten Knall an einer großen Glasscheibe. Die Scheibe blieb heil, aber meine Stirn hatte das Duell mit einer großen Beule bezahlen müssen. Die Stirn schmerzte schrecklich. Aber aus einem Zimmer kam ein weiblicher rettender Engel zu mir. Die Frau lief in schnellem Tempo die vielen Stufen bis in die Küche hinunter und kam eilig mit einem Geschirrtuch voller Eiswürfel zurück. Die Samariterin hielt mir den kühlenden Eisbeutel an die verletzte Stirn. Das war für mich eine mütterliche fürsorgliche Versorgung. Eine Belohnung steckte ich diesem Engel in die Kitteltasche. „Bitte kaufen Sie sich ein paar Blumen." Überraschend kam ein zweiter Engel mit ausgebreiteten ‚Flügeln' auf mich zu, und er schloss mich so liebevoll in seine Arme. Wir beiden Frauen standen eine ganze Weile eng umarmt, und ich spürte die Nächstenliebe dieser fremden Frau, die sie mir so spontan schenkte. Wir redeten noch etwas länger miteinander. Es war gleich so viel Vertrauen da. Dann ging ich mit dem Eisbeutel, den ich zart gedrückt an meine dicke Stirnbeule hielt, in unsere Ferienwohnung, um mich auszuruhen.

Am Spätnachmittag klopfte es an unserer Ferienwohnungstür. Ich war gerade im Bad und konnte deshalb nicht so schnell öffnen. Das Klopfen wurde in Abständen wiederholt. Als ich dann die Tür öffnete, stand mir der zweite Schutzengel mit einem auffallend freundlichen Gesichtausdruck gegenüber. „Kommen Sie doch herein. Mein Mann schläft zwar gerade im Wohnzimmer, aber wir beide können uns auch in der gemütlichen Küche hinsetzen und unterhalten." Der Engel öffnet ein zartes Geschenkpapier und stellte mir sieben kleine weiße getöpferte Lämmchen auf den Küchentisch. Da sprudelte die Freude spontan über meine Lippen: „Ich wollte mir auch 7 kleine Schafe kaufen. Und sieben ist eine heilige Zahl! Woher wussten Sie das?" Aber mein Zusammenstoß mit der kräftigen Glasscheibe hat das schmerzlich verhindert. Sie sind für mich ein beschützender Engel auf meiner kalten verregneten Winterreise. Sie schenken mir Sonnenstrahlen für meine schmerzende Seele."

Wir beiden Frauen sind uns in so kurzer Zeit so nahe gekommen, und das ist ein sehr wertvolles, nicht käufliches Geschenk. Bevor der zweite Schutzengel wieder unsere Ferienwohnung verlassen hatte, schlossen sich vier ausgebreitete warme Arme immer wieder und lange um den Körper der Schwester im gemeinsamen Glauben.

Auf dieser total verregneten Winterreise zur Weihnachtszeit hatten mich zwei liebevolle Schutzengel begleitet. Ich denke, Gott schickt seine Schutzengel immer wieder zur rechten Zeit an den richtigen Ort, zu Menschen, die diesen hilfreichen Schutz dringend brauchen.

Anita Drang zur uneingeschränkten Beherrschung des Ehemanns war ungebrochen. Dieser notierte:

„Meine Chefin weiß immer einen Weg, mich zurückzupfeifen, wenn ich nicht nach ihrer Pfeife tanze: Heute ließ sie mich im Gottesdienst namentlich ausrufen, nachdem ich es gewagt hatte, ohne ihre Einwilligung zur Kirche zu gehen."

Als Anitas Gesundheitszustand sich verschlechterte, gab er die Fluchtburg ganz auf, und man lebte wieder ganz zusammen.

Morphin und die Folgen

Nachdem bei einem Knochenszintigramm diverse Degenerationen diagnostiziert waren, klagte sie immer wieder über starke Schmerzen und wollte wirksame Schmerzmittel verschrieben haben. Nachdem ihr Hausarzt Morphinpflaster verweigerte („Sind Sie verrückt? Dann stehen Sie neben sich!"), wechselte sie mal wieder den Arzt. Eine Ärztin verschrieb ihr das Morphinpflaster Fentanyl 1A Pharma 50 µg/h. Die Dosis wurde immer wieder gesteigert, die Schmerzen blieben, die Nebenwirkungen waren fatal.

Vor Jahren schon stand für sie fest, dass ihr Tod unmittelbar bevorstehe. Sie drohte nicht nur mit Suizid, sondern war überzeugt davon, es gehe mit ihr bald zu Ende. Sie besichtigte mehrere Hospize und Palliativstationen und bemühte den Gemeindepastor, sich für einen Platz dort einzusetzen. Inzwischen sind Jahre vergangen, und sie lebt immer noch.

Dann wechselte sie wieder mal den Arzt, der ihr die Morphinpflaster auch weiterhin verschrieb, später zum früheren Hausarzt („ich bin nicht nachtragend") zurück, von dem sie die Pflaster jetzt auch verordnet bekam. Das Mittel hat sie jahrelang geklebt. Unter dem Einfluss der Pflaster erlebte der Ehemann „wundersame" Dinge in ihrem Verhalten.

Er notiert:

„Die Auswirkungen werden jetzt immer drastischer. Ihr früher phänomenales Gedächtnis wird immer schwächer. Sie vergisst vieles: Namen, wichtige Termine, kürzlich Erlebtes. Immer wieder beobachte ich, dass Sie in Wachschlaf verfällt, etwa bei den Mahlzeiten, auch im Restaurant. Dann sinkt plötzlich Gabel oder Löffel langsam ab, die Augenlider senken sich, das kann Minuten dauern.

Anitas Appetit ist teilweise sehr eingeschränkt. Ihr Gewicht nimmt ständig ab. Sie wirkt nackt wie ein KZ-Häftling bei Kriegsende: nur Haut und Knochen.

In der Nacht wurde ich gegen 3 Uhr wach und wollte meine Blase wegen Harndrangs entlasten. In solchen Situationen schaue ich immer erst zur Zimmertür, ob darunter ein Lichtschein wahrzunehmen ist. Ich sah also Licht im Flur und wartete ab, dass es wieder dunkel würde, denn wenn Anita die Toilette blockiert, warte ich nachts nicht gerne im Flur. Das Licht ging jedoch nicht aus. Ich schlief vor Müdigkeit trotz voller Blase immer wieder ein. Schließlich schaute ich wieder auf den Wecker. Es war inzwischen 5 Uhr morgens, und das Licht brannte immer noch. Da stimmte also etwas nicht. So entschloss ich mich aufzustehen. Die Toilette war leer, und Anita saß in der Küche. Ich ging nach dem Toilettengang wieder zu Bett. Das Licht im Flur brannte weiter. Gegen 6 Uhr hörte ich Geräusche, die ich aber nicht klar definieren konnte (sie konnten auch aus einer anderen Wohnung im Haus kommen). Kurz darauf kam Anita in mein Zimmer und klagte, sie sei auf den Rücken gefallen. Ich entgegnete, dass ich mich darüber wundere, dass sie schon seit 3 Uhr stundenlang auf sei. Warum sie denn nicht wieder ins Bett gehe. Daraufhin ging das Licht im Flur aus. Sie schlief dann den ganzen Vormittag bis 12:30 h. Dann konnte ich sie kaum dazu bringen, etwas zu essen.

Sie fing dann plötzlich an, sie habe Angst, sie könne einen Schlaganfall bekommen (kürzlich hatte ihr eine Frau auf der Straße erzählt, schon einen Schlaganfall gehabt zu haben), deshalb müsse ein Notarzt kommen. Nach meiner Frage, was der denn solle, ob sie denn ins Krankenhaus eingewiesen werden wolle, ging sie wortlos aus dem Zimmer. Später merkte ich dann, dass sie im Bademantel die Wohnung verlassen hatte. Einen Schlüssel hatte sie nicht mitgenommen. Nach längerer Zeit kamen dann aus einem an der Straße geparkten Rettungswagen zwei Rettungsassistenten, denen die Nachbarin die Haustür geöffnet hatte. Ich stellte dann fest, dass die Klingel zu unserer Wohnung abgeschaltet war, was Anita jeden Abend macht und immer öfter vergisst, die Klingel wieder anzustellen. Anita hatte also offenbar von der Nachbarin aus über den Notruf 112 den Rettungsdienst alarmiert. Nach einiger Zeit brachten die Rettungsleute Anita in unsere Wohnung zurück und zogen wieder ab.

Sie verwechselte die Tageszeiten und war nicht zu überzeugen, dass es abends und nicht morgens war. Sie wollte unbedingt frühstücken.

Anita ist in den letzten Tagen in ihrem Zimmer bzw. im Bad mehrmals gestürzt und kann von Glück sagen, dass sie sich dabei nicht ernsthaft verletzt hat.

In letzter Zeit kam es immer wieder vor, dass sie ihren Enddarm nicht mehr beherrschte. Sie war dann darüber todunglücklich und trägt meistens Windeleinlagen.

Einige Tage später rief sie erneut den Rettungsdienst, der sie offenbar davon überzeugte, sich bei ihrem Hausarzt vorzustellen.

Sie schafft es nicht mehr, sich alleine ihre Kontoauszüge ausdrucken zu lassen und Bargeld am Automaten abzuheben.

Ihre Stimmung ist wie eh und je sehr wechselhaft und kann urplötzlich umschlagen. Seit Jahren – und immer noch – hat sie, bedingt durch ihre chronische Eifersuchtsneurose sexuelle Wahnideen. Ich muss dann immer die Ruhe bewahren, wenn sie behauptet, ich habe mich „nachts mit anderen Weibern herumgetrieben" etc.

Es wird immer trostloser: Die letzte Nacht hat Anita wieder zum Tag gemacht. Um 2 Uhr weckte sie mich aus dem Tiefschlaf. Um 4 Uhr kam sie erneut an mein Bett. Offenbar hatte sie überhaupt noch nicht geschlafen, denn ihr Bett war noch ganz akkurat aufgeschlagen und sah völlig unbenutzt aus. Aus den Utensilien, mit denen sie sich befasste, ist zu schließen, dass sie total verwirrt war. Als sie dann gegen 5 Uhr nach mir rief, fand ich sie zwischen Flur und ihrem Zimmer auf dem Boden liegend vor. Ich bekam sie kaum hoch, weil mein Rücken morgens immer stark lädiert ist. Mit Vernunft und Argumenten ist sie in solchem Zustand nicht zu beeinflussen. Irgendwann gegen 6 Uhr fand ich sie dann doch in ihrem Bett. Um 11:20 h hatte sie dann ausgeschlafen. Die zerstörerische Wirkung der Morphinpflaster auf ihre Persönlichkeit ist dramatisch. Der Grad der Verwirrtheit schwankt aber. Öfter reagiert sie ganz normal, dann wieder stark gestört. Mehrmals hat sie bereits in unserem Stammrestaurant entweder ihre Handtasche oder ihre Geldbörse versust, jedoch mit Hilfe der Geschäftsleitung wieder zurück bekommen.

Namen kann sie sich kaum noch merken (das war mal ihre große Begabung). Mit Hilfe farbiger Bänder, die ich an Haus- und Wohnungsschlüsseln befestigte, kann sie die Türen wieder öffnen, ohnedem ging auch das nicht mehr.

Es wird immer schlimmer. Letzte Nacht fand ich gegen 4:30 h Anitas Schlafzimmertür weit auf stehend vor. Das Bett war leer und unberührt. Ich fand sie zunächst in der ganzen Wohnung nicht, bis ich sie zwischen Esstisch und Fernseher in der hintersten Ecke liegend sah. Dort konnte sie nicht hingefallen sein. Offensichtlich hatte sie sich dort hingelegt. Sie schlief tief. Da sie direkt neben der Heizung warm lag, weckte ich sie nicht. Dort schlief sie bis ca. 9:45 h.

Sie vertrödelt ihre Zeit, ist unkonzentriert, verfällt dauernd in Sekundenschlaf. Beim Essen im Restaurant hält sie ihr Getränkeglas so schräg, dass ich eingreifen muss, damit nichts auf Tischdecke und ihre Kleidung geht. Dann beklagt sie sich, ich würde sie bevormunden. Kaum etwas schmeckt ihr. Sie isst und trinkt wenig und immer nur dasselbe, was ihr noch schmeckt. Sie wiegt offenbar nur noch ca. 40 kg. Deshalb meidet sie es auch, auf die Waage zu gehen.

Anita ist seit kurzer Zeit wieder bei ihrem früheren Hausarzt in Behandlung. Heute hatte ich ein Gespräch mit ihm. Anita sei von ihrem Typus her für den Arzt eine therapeutische Herausforderung. Nach seiner Meinung sind die Schmerzen weniger somatischen als vielmehr psychiatrischen Ursprungs und eher als eine ins Körperliche verlagerte Depression zu sehen. Deshalb hatte er ihr vor ca. gut zwei Jahren auch von einer Morphintherapie abgeraten. Nach seiner Meinung sollte die

Dosis verringert werden. Die 50er Pflaster könne man doch teilen und daher halbieren. Er empfehle die Einschaltung eines Neurologen. Das lehnt sie aber entschieden ab."
Der Ehemann verringerte die Dosis daraufhin langsam so lange, bis er sie ganz vom Fentanyl fort bekam.
Nun ging es auch ohne Morphin-Pflaster. Über Schmerzen klagte sie zwar immer noch, aber die hatte sie auch mit Pflaster.
Immer wieder hatte Anita plötzlich ‚Herzattacken'. Dann rief sie den Notarzt oder Rettungswagen und wurde ins Krankenhaus gebracht, von wo aus sie nach einigen Stunden wieder heimkam. Es handelte sich um psychosomatische Angstzustände, die nach Einschätzung des Ehemannes keinen realen körperlichen krankhaften Anlass hatten. Die von Ärzten dagegen verordneten Medikamente (Metoprosucciat 1 A Pharma 95 mg – Wirkstoff Metoprololsuccinat – MetoHEXAL 1 A Pharma 50 mg Betablocker – Xarelto 10 mg Filmtabletten – Rivaroxaban – Blutverdünner – Ramipril 5 mg – reduziert Blutdruck steigernde Substanzen – Pantoprazol 20 mg – Magenschutz – Omep Omeprazol 40 mg 60 Hartkapseln N3 – Magenschutz – sab simplec 69,19 mg/ml SIMETICON (gegen Blähungsstau) setzte der Mann nach und nach auch ab und fragte sie im akuten Fall, ob sie denn wieder für nichts und wieder nichts stundenlang im Krankenhaus warten wolle – und siehe da – keine Beschwerden mehr.
Das einzige Medikament (neben Lacto-Stopp und Vitamin-D), von dem sie nicht wegzukriegen war (Abusus seit vielen Jahren), war Tavor Expidet 1 mg Wirkstoff Lorazepam Ex PIDET N3. Davon nahm sie täglich abends eine vor dem Einschlafen. Sie davon noch abzubringen, erschien hoffnungslos, bis sie ihre ‚Lieblingspille' einzunehmen in Folge fortgeschrittener Demenz einfach vergaß.

Demenz

Durch Anitas Morphin-Abhängigkeit war der Beginn der Demenz nicht genau abzugrenzen. Nach dem Absetzen der Pflaster-Therapie wurden ihre intellektuellen Defizite erst klarer erkennbar.

Anita konnte ihren Computer schon lange nicht mehr bedienen, keine Texte mehr neu schreiben, ihr früheres phänomenales Gedächtnis war schon lange weg, sie wusste keine Namen mehr, weiß nicht mehr, wie viele Kinder sie hat. Als die jüngste Tochter sie einmal von einer Veranstaltung nach Hause brachte, erkannte sie diese nicht: „Wer war die nette junge Frau?" Sie erinnert sich nur noch an ganz einschneidende oder frühkindliche Erlebnisse. Sie verwechselt ständig Schubladen und Schrankfächer. Mein oder dein Handtuch, Brillen- oder Geschirrtuch kann sie nicht mehr unterscheiden.

Sie hat inzwischen erhebliche Probleme mit ihrem eigenen Spiegelbild. Sie erkennt sich nicht mehr selber, sondern sieht darin eine sie bedrohende fremde Frau („die trägt meine Kleidung, die sie mir geklaut hat..."). Die meisten Spiegel in der Wohnung hat der Ehemann daraufhin bereits abgehängt.

Anita wurde auf Antrag des Ehemanns inzwischen wegen Demenz die Pflegestufe 0 zuerkannt. Sie ist ganz auf die Fürsorge des Mannes angewiesen. Sie verlor (oder ließ sich bestehlen) bereits zweimal ihre Bankcard und Gesundheitskarte – auch ihren Personal- und Behindertenausweis. Dass sie zunächst noch einen kleinen Einkaufsgang zu ihrem Lieblingsgemüsehändler schaffte, um dort fast täglich neu ihr Lieblingsobst (Flugmango) zu kaufen, förderte der Mann bewusst. Seit sie beobachtet hat, dass dieses Händlerpaar raucht, verzichtet sie lieber auf dieses Lieblingsobst. Bei Rauchern kauft sie nicht mehr. Dass ihre Eltern beide rauchten, es deshalb in ihrem Elternhause ständig stank und sie darunter leiden musste, ist inzwischen eines ihrer Hauptthemen – und natürlich: „Ein ganzes Jahr durfte ich nicht zur Schule gehen und musste zu Hause alles putzen."

Sonst obliegt dem Ehemann alleine Einkauf und Haushalt. Die Waschmaschine kann sie nicht mehr selbst bedienen. Der Mann war froh, dass sie es noch selben zur Toilette schaffte. Es kam aber auch immer wieder mal vor, dass sie den Weg aus ihrem Schlafzimmer zur Toilette oder nachts den Lichtschalter nicht selber fand.

Sie kann schon lange nicht mehr alleine ihre Kontoauszüge ausdrucken lassen, Überweisungsformulare ausfüllen und Bargeld am Automaten abheben.

Auswirkungen der Demenz im Alltag an einem Beispiel: „Ich konnte letzte Nacht nicht schlafen, weil die Schreibtischlampe dauernd leuchtete. Da habe ich das Kabel mit dem Messer durchgeschnitten." Als der Mann sich die Bescherung anschaute, war das Lampen-Stromkabel tatsächlich durchtrennt. Den rot markierten Schalter, der zuvor zum Einschalten benutzt worden war, konnte sie zum Ausschalten nicht mehr identifizieren. Gott sei Dank gab es weder einen Kurzschluss noch einen elektrischen Schlag, denn die Halogenleuchte war nicht mit 220 Volt, sondern transformiert betrieben.

Mehrmals ist Anita bereits gestürzt.

Zeitweise war sie ohne Appetit und dadurch sehr abgemagert – das hat sich jedoch inzwischen geändert, ihr Appetit ist wieder besser.

Es kam immer mal wieder vor, dass sie den Blasenschließmuskel oder ihren Enddarm nicht mehr beherrschte. Sie war dann darüber todunglücklich und trägt meistens Windeleinlagen oder Windelhosen.

Immer wieder dieselben Fragen, oft mehrmals am Tage oder schon nach wenigen Minuten: „Wie heißt die Frucht?" – „Apfelsine – Kiwi – Paprika." Ihren Mann fragt sie immer wieder: „Wissen Sie, wo mein Mann geblieben ist? Wie lange arbeiten Sie hier schon?"

Was Anita in ihrer Arbeit als Sport- und Freizeittherapeutin im Seniorenheim bei Demenzkranken erlebt hatte, ist jetzt bei ihr selbst zu beobachten. Musik und Singen erschließen tief liegende Seelenbereiche. Stimmt der Ehemann ein ihr aus Kindheit oder Jugend bekanntes Lied an, so singt sie weiter, und es folgen erstaunlich lange Textpassagen, die ihr noch im Gedächtnis sind.

Wie heißt doch ein Ratgeber für Pflegende? – „Das Herz wird nicht dement" – ISBN 978-3-407-85966-2 – Beltz Verlag –

Mal sehr freundlich: „Danke, dass Sie mir beim Duschen geholfen haben. Alleine schaffe ich es nicht mehr."

Dann wieder aggressiv: „Mein Hochzeitsbild wurde mir geklaut." – „Dann hast du es wohl wieder so gut versteckt, dass du es selber nicht mehr finden kannst." – „Und wenn du das noch einmal sagt, dann hau ich dir mit der Faust in die Fresse!"

Verschiedene Verhaltensweisen Anitas deuten darauf hin, dass es sich bei ihrer Demenz um eine Erkrankung im Rahmen des Morbus Alzheimer handelt. Es scheint sich auch um eine genetisch bedingte Veranlagung zu handeln.

Pflegeheim

Der hoch betagte Ehemann wollte nach dem Motto „Wir schaffen das" Anitas Pflege möglichst lange in ihrer vertrauten häuslichen Umgebung selber durchhalten. Als sich jedoch die Inkontinenz häufte und auch den Enddarm zunehmend betraf, musste er sich nach Rücksprache mit seinen Kindern dazu entschließen, Anita in stationäre Pflege zu geben.

Dort besucht er sie nun regelmäßig. Sie freut sich immer über seine Besuche, erkennt sein Gesicht als ihr bekannt, sieht in ihm aber nicht immer ihren Ehemann, sondern bisweilen ihren älteren Bruder oder ihren Vater: „Ich bin die kleine Monika – und wer bist du? – Wie heißt du? – Ach, Jürgen –

109

Mein Mann ist ja schon verstorben" – dann kam die Story, wie er verstorben ist.

Die Reaktionen ändern sich jedoch. Wenn der Ehemann sie besucht, zu den anderen Betreuten: „Das ist mein Mann." und ihm gegenüber: „Ich freu mich immer, wenn ich dich sehe!"

Zunächst hatte sie im Pflegeheim 5 kg Körpergewicht zugenommen, dann wollte sie nicht mehr essen. Selbst bei gutem Zureden: „Ich will nicht immer nur fressen!" Mit großer Geduld musste sie gefüttert werden. Auch mit dem Trinken war es problematisch. Der Ehemann brauchte lange, um heraus zu finden, was sie gerne trank, bis er auf Apfelsaft kam: „Hm, das schmeckt!" Dann nahm sie das Glas mit gewichtiger Geste:

„Jetzt wird gesoffen, das Leben ist nur noch im Suff zu ertragen – mein Papa hat auch immer gesoffen." Nachdem ein Erkältungsinfekt sie sehr geschwächt hatte, konnte sie zeitweise sicht mehr selbst gehen und musste in einem Rollstuhl bewegt werden. Ohne Fußstütze bremste sie immer mit den Füßen ab. Man setzte sie dann vorübergehend in einen Liegerollstuhl. Der Zustand besserte sich aber wieder etwas.

Da es leider unterblieben war, rechtzeitig eine Vorsorgevollmacht zu unterschreiben, musste der Ehemann nach ihrer Heimunterbringung die Bestellung eines Betreuers beantragen, ohne vorher zu ahnen, wie umständlich und kostenaufwändig das werden würde. Inzwischen fand nach über drei Monaten die Bestallung des Ehemannes und der jüngsten Tochter durch das Betreuungsgericht statt, so dass Anita durch diese gegenüber Ärzten, Behörden, Sozialkassen und Gerichten rechtlich vertreten werden kann.

Nach mehr als einem halben Jahr Aufenthalt im Pflegeheim beobachtet der Ehemann zunehmende geistige und körperliche Defizite. Die anfänglich noch vorhandenen erstaunlich umfangreichen Liedertexte kann Anita nicht mehr erinnern. Aber immer noch bringt sie zum Ausdruck, dass sie gerne getanzt hat und stimmt dann an: „Tanzen möchte ich, jauchzen möchte ich in die Welt hinein…" Ihren Mann erkennt sie bei seinen fast täglichen Besuchen noch: „Du bist mein Mann" oder auch „du bist mein Papa – wie schön, dass es dich gibt" oder zum Pflegepersonal oder zu Mitpatienten: „Das ist mein Mann." Tagsüber sitzt sie meist recht apathisch in einem der Gemeinschaftsräume an einem Tisch, oft vor einem Teller mit mundgerechten Weißbrothappen mit Butter und Marmelade, die sie sehr langsam nach und nach selber zum Munde führt. Da ihre Finger meistens von der Marmelade klebrig sind, kommt es vermehrt zu Nagelbettentzündungen. Auch den Becher mit Kakao, Tee oder hoch kalorischem Spezialgetränk leert sie meistens selber. Alleine kann sie nicht mehr vom Stuhl aufstehen und gehen, auch nicht sehr selber die Toilette aufsuchen. Sie wird daher vom Pflegepersonal per Rollator oder in einem Rollstuhl bewegt. Wegen Sturzgefahr muss sie inzwischen auch ein spezielles Stützkorsett an der Hüfte tragen. Oft äußert sie daher, dass sie dieses Leben nicht mehr

111

erträglich findet. Inzwischen wurde Ihr wegen des erhöhten Pflegeaufwands die Pflegestufe 3 zuerkannt. Von den monatlich mehr als 4.000 Heimkosten trägt die Pflegeka sse 1.612 . Der Rest wird – solange der Vorrat reicht – von den Ersparnissen aufgebracht.

Wegen Verdachts auf einen Schlaganfall wurde Anita aus dem Pflegeheim ins Krankenhaus gebracht, wo sie über eine Woche blieb. Die Untersuchungen ergaben: Ein Schlaganfall war es nicht, sondern Flüssigkeitsmangel. Die Pflege im Krankenhaus war leider nicht demenzgerecht. Durch das ständige Liegen im Bett verschlechterte sich Anitas Allgemeinzustand erheblich. Sie hustete und röchelte bedrohlich. Wegen einer drohenden Lungenentzündung musste Antibiotika verabreicht werden. Wegen der Gefahr sich zu Verschlucken, darf sie seither nur angedickte Flüssigkeiten oder breiige Kost zu sich nehmen. Eine Untersuchung durch einen Neurologen führte zum Vorschlag einer eventuellen Operation durch einen Neurochirurgen am Schädel. Zum Reduzieren von Hirnwasser müsste zuerst am Rückenmark punktiert werden. Wenn dieser Eingriff nicht ausreicht oder keine Besserung bringt, kann mit einer weiteren O.P. ein Stand gelegt werden. Dazu muss ein Loch in die Schädeldecke gebohrt werden und eine Drainage – zum Abfließen – wird vom Kopf in den Bauchraum verlegt. Dieser Stand kann verstopfen. Insgesamt können die Eingriffe helfen, dass vermehrte Hirnwasser abzuleiten. Allerdings sind die Risiken: eine Infektion zu erleiden oder schlechte Wundheilung durch ein schwaches Immunsystem sowie eine Anfälligkeit in Hinblick auf multiresistente Keime. Die Angehörigen entschlossen sich gegen so einen Eingriff. Dann kam Anita wieder zurück ins Pflegeheim. Der Ehemann: „Leider ist ihr Zustand durch das lange Liegen im Krankenhaus dramatisch schlechter geworden." Die Pflegeleiterin der Station: „Wir fangen wieder bei 0 an," Sie hat – bei dem ohnehin schon geschwächten zarten Körper 5 kg abgenommen, isst und trinkt nicht mehr selber, bekommt Flüssigkeit nur über Infusionen, spricht nur noch sehr leise und liegt – halb sitzend – in einem Spezialrollstuhl. Ein Bild des Jammers! Der Ehemann hat Zweifel, dass sich der Zustand noch einmal verbessern wird.

Zwar sind inzwischen keine Infusionen mehr erforderlich, doch isst und trinkt sie nicht mehr selber, sondern muss gefüttert werden. Ihre Stimme ist sehr schwach geworden. Ihre Sätze sind nur noch gehaucht. Ab und zu bricht es lauter aus ihr heraus: „Alles Scheiße!" Dann merkt man, dass ihr so ein Unmutsausbruch gut tut. Oder: „Ich kann nicht mehr! – Kann nicht einer kommen und mir helfen?" Sie singt auch nicht mehr, hat es aber gerne, wenn man ihr eine CD mit ihr bekannten Melodien auflegt. Aus dem Bett oder Rollstuhl kommt sie selber nicht mehr heraus.

Laut Wikipedia:

Charakteristisch ist eine zunehmende Verschlechterung der kognitiven Leistungsfähigkeit, die in der Regel einhergeht mit einer Abnahme der Fähigkeit, die Aktivitäten des täglichen Lebens zu bewältigen, mit zunehmenden Verhaltensauffälligkeiten und verstärkt auftretenden neuropsychiatrischen Symptomen.

Im Krankheitsverlauf nimmt die Hirnmasse durch das Absterben von Neuronen vermehrt ab; man spricht dabei von einer Hirnatrophie. Außerdem wird der Botenstoff Acetylcholin nicht mehr in ausreichenden Mengen produziert.

Im fortgeschrittenen Stadium verlernen die Patienten altbekannte Fertigkeiten und erkennen nahestehende Personen und alltägliche Gegenstände nicht mehr wieder.

Die Muskulatur baut kontinuierlich ab, was zu weiteren Sprachproblemen, Harn- bzw. Stuhlinkontinenz und einer immer weiter abnehmenden Mobilität bis hin zur Bettlägerigkeit führt. Ein typisches Symptom sind Trippelschritte. Ohne Unterstützung können die Betroffenen ihren Alltag nicht mehr meistern und brauchen auch bei einfachen Tätigkeiten Unterstützung. Die Krankheit schreitet bis zum Tode voran.

Nachdem die Diagnose Alzheimer gestellt worden ist, beträgt die verbleibende Lebenserwartung in etwa sieben bis zehn Jahre, wobei es auch Fälle gibt, in denen das Endstadium bereits nach vier bis fünf Jahren erreicht ist. Auf der anderen Seite gab es Patienten, die noch über 20 Jahre gelebt haben (Wikipedia).

Anitas Lage verschlechterte sich immer mehr. Da man auf der Station „Beschütztes Wohnen" keine Fördermöglichkeit mehr sah, wurde sie auf eine reine Pflegestation verlegt. Der Ehemann besuchte sie auch dort weiterhin täglich. Zum Schluss öffnete sie kaum noch die Augen. Ihre bisweilen gehauchten Worte waren nur noch selten zu deuten. Nur ab und an ließ sie sich mal einen Löffel breiige Nahrung füttern. In ihrer Patientenverfügung hatte sie drei Jahre zuvor noch bei klarem Bewusstsein formuliert: „...ich will auch nicht, dass mein Leben um jeden Preis verlängert wird. Deshalb bitte ich für den Fall, dass ich meinen Willen nicht mehr bilden oder verständlich äußern kann, vom Einsatz lebensverlängernder Maßnahmen abzusehen, die mich nur daran hindern, in Ruhe zu sterben... Es soll keine künstliche Ernährung mehr erfolgen, unabhängig von der Form der künstlichen Zuführung (z. B. Magensonde durch Nase oder Bauchdecke, oder venöse Zugänge). Auch in den oben genannten Situationen, in denen der Tod nicht unmittelbar bevorsteht, wünsche ich sterben zu dürfen. **Künstliche Flüssigkeitszufuhr** soll dann ebenfalls **unterlassen** werden, es sei denn, sie ist in vermindertem Maße palliativmedizinisch erforderlich, z. B. zur Verabreichung lindernder Medikamente." In diesem Zustand waren sich ihre Kinder einig, nach Rücksprache mit der Palliativ-Ärztin ihrem Willen zu entsprechen und die über lange Zeit vorgenommenen Flüssigkeitsinfusionen nicht länger vornehmen zu lassen.

Aber Anita kam dieser Überlegung zuvor und verstarb im Alter von 78 Jahren. Ihr Leiden hatte ein Ende gefunden.

www.ingramcontent.com/pod-product-compliance
Lightning Source LLC
Chambersburg PA
CBHW071206280526
45787CB00002B/591